Mit
Großvater
Leumer
im Garten

KOSMOS

Heinrich Leumer

Mit Großvater
Leumer
im Garten

KOSMOS

Inhalt

Frühling

Es juckt in allen Gliedern, der Frühling wird vom Gartenfreund sehnlichst erwartet. Ungeduldig läuft er hierhin und dorthin. Frühling im Garten, welch wunderbares Gefühl.

Seite 7

Sommer

Auf den Sommer im Garten freuen sich alle Gartenfreunde. Die Wetterregeln von früher kommen heute nicht mehr so recht zur Geltung. Dabei sollte man die alten Bauernregeln nicht ganz verachten. Schöne Tage zum Feiern im Garten gibt es bestimmt.

Seite 49

Herbst

*Der Herbst ist mit
seinen vielen
Facetten die
schönste Jahreszeit
für den Hobbygärtner.
Er bringt viel Arbeit, aber auch großen Erfolg.
Der Garten dankt ihm für seine Mühe mit
einer reichen Ernte.*

Seite 73

Winter

*Von wegen im
Winter nichts zu tun.
Was noch alles
liegen geblieben ist!
Auch wenn man keine
Lust hat bei der Kälte,
die Arbeit muss fertig werden.
Also ab, noch einmal in den Garten.*

Seite 101

Frühling

Es juckt in allen Gliedern, der Frühling wird
vom Gartenfreund sehnlichst erwartet.
Ungeduldig läuft er hierhin und dorthin.
Frühling im Garten, welch
wunderbares Gefühl.

Aussäen wie ein Profi

Es ist ein Wunder zu erleben, wie aus einem kleinen Samenkorn eine große Pflanze wird. Man selbst hat es in der Hand soviele Pflanzen zu erzeugen, wie man möchte oder benötigt. Bekannt ist der Sämann als eine Idealgestalt in alten Geschichten und Legenden.

GELD SPAREN DURCH EIGENANBAU

Viele Gartenfreunde träumen davon, Pflanzen vom Samenkorn bis zur Ernte selbst zu züchten. Der Ausdruck ist falsch, aber weit verbreitet. Der Gartenfreund meint in der Regel damit anbauen! Züchten ist das Erstreben neuer Sorten. Dies kann natürlich der Hobbygärtner auch ausprobieren. Am meisten interessiert die Gartenfreunde, Blumen- und Gemüsepflanzen selbst anzuziehen, denn die kleinen Pflänzchen kosten im Frühjahr immerhin einiges an Geld.

AUSSAATKASTEN VORBEREITEN

Die meisten Aussaaten kann man Anfang März in einem gepackten Kasten vornehmen. Aber es gibt auch andere Möglichkeiten. Aussaatkisten können wir in vielen Varianten kaufen. Billiger wird es, wenn wir gebrauchte niedrige Gemüsekisten beim Supermarkt erbitten. Es wird eine doppelte Zeitung hineingedrückt, so dass eine Innenauskleidung erfolgt. Dies hat zwei Vorteile,

zum einen, dass sich das Wasser besser in der Kiste hält, zum anderen kann die Erde nicht zwischen den Ritzen der Bretter herausrieseln, wenn sie wirklich einmal austrocknen sollte. Jetzt werden die Kisten mit alter Komposterde oder gekaufter Anzuchterde gefüllt. Junge Komposterde birgt die Gefahr zahlreicher Pilze in sich, die die jungen Sämlinge befallen könnten. Bei gekaufter Anzuchterde müssen wir beachten, dass viele dieser Kultursubstrate nur geringe Mengen an Nährstoffen enthalten. Es muss also rechtzeitig, 2–3 Wochen nach der Keimung, nachgedüngt werden.

Zeitung für die Aussaatkisten sorgsam passend falten, keinen bunten Glanzdruck verwenden.

Die Erde wird an den Rändern der Kiste mit gespreizter Hand leicht angedrückt. Die Erde in der Mitte der Kiste liegt ohnehin durch das Einfüllen fester. Werden die Ränder nicht leicht angedrückt, fallen sie später zusammen, was zu Problemen beim Gießen führt. Abschließend wird die Erde mit einem Brett oder einer Leiste glattgestrichen.

RICHTIG AUSSÄEN

Die Samentüte wird so geöffnet, dass ein glatter Rand entsteht. Papiertüten sollten wir nicht aufreißen, sondern wie Keimschutzpackungen am besten mit einer Schere aufschneiden. Mit einem Finger fassen wir in die Öffnung hinein und runden die Seitenkante etwas ab. Anschließend nehmen wir die Samentüte so in die Hand, dass die leicht gebogene Seite nach unten zeigt und halten sie über die Saatkiste. Dann schütteln wir aus dem Handgelenk die Tüte, bis sich das erste Samenkorn am vorderen Rand zeigt. Daraufhin schütteln wir leicht die Samen heraus und wandern mit der Tüte kreuz und quer über die Saatkiste. Einem geübten Gärtner fällt es am Ende so leicht, dass er im Dunkeln aussäen könnte. Dem Anfänger rate ich, es erst einmal mit Sand zu versuchen. Die Aussaatdichte richtet sich nach der Menge der erwünschten Sämlinge und nach deren speziellen Platzbedarf. Zum Beispiel brauchen Kohlrabi und Salat in der Aussaatkiste etwas mehr Platz als Begonien. Bei den meisten Gemüsesamen ist es ratsam, nicht die gesamte Saatgutmenge auszubringen,

Beim Aussäen den unteren Teil der Saattüte abrunden, der Samen rollt so gleichmäßiger aus der Tüte.

Begonien eignen sich gut zum Aussäen. Nach dem zweiten Pikieren im Mai stehen sie so dicht.

sondern in mehreren Sätzen gestaffelt, nach den zeitlichen Abständen des späteren Erntebedarfs. Zum Beispiel brauchen wir nicht alle 100 Salatköpfe in der gleichen Woche. Wir können uns auch mit unserem Nachbarn absprechen, wie viele dieser benötigt, und er zieht dafür eine andere Art mit an. Die meisten Samen können wir bis zum nächsten Jahr aufbewahren. Wir kleben die Tüte wieder zu und heben sie kühl und unter Luftabschluss auf.

LICHT- UND DUNKEL-KEIMER

Wenn die gewünschte Menge Samen ausgebracht ist, müssen wir diesen andrücken, damit das Samenkorn guten Anschluss an den Boden bekommt. Am besten eignet sich dazu ein kleines Reibebrett, wie es die Maurer für ganz kleine Putzarbeiten verwenden. Wir drücken mit diesem Brettchen die Samenkörner leicht an und damit gleichzeitig in die Erde hinein. Anschließend müssen wir unbedingt das Brettchen über der Saatkiste von unten abwischen. Der Sinn dieser Übung ist, eventuell noch daran haftende Samenkörner in die Kiste zu bekommen. Unterbleibt dies, so nehmen wir unter Umständen die Körner der einen Sorte oder Art mit in die nächste Kiste hinüber.

Nun werden die meisten Samen, ausgenommen sind Lichtkeimer, in Samenstärke mit Erde überdeckt. Lichtkeimer sind Pflanzen, die zum Keimen Licht benötigen. Dies wird oft auf der Samentüte vermerkt. Der Hobbygärtner sollte sich nicht allzu viel Gedanken darüber machen. In der Praxis werden die Samenkörner der Lichtkeimer nicht zu dick bedeckt und bei den Dunkelkeimern muss genügend Erde auf die Saat kommen. Am einfachsten geschieht dies mit einem groben Mehlsieb. Wir geben etwas trockene Erde hinein und sieben so lange über der Kiste, bis kein Samenkorn mehr zu sehen ist. Nun liegt die richtige Erdmenge über dem Saatgut. Die meisten Samen benötigen genauso viel Erde über sich wie sie dick sind (Samenstärke).

VORSICHTIG ANGIESSEN

Nun muss die Saatkiste angegossen werden. Hierbei darf aber keine Pfütze entstehen. Jede Verschwemmung würde die mühevoll gleichmäßig ausgebrachten Samen durcheinanderschwimmen lassen. Zum Anbrausen der Samen nehme ich nur handwarmes Wasser, nicht heißes oder kaltes! Erst alle Aussaatkisten fertig machen und windgeschützt aufstellen. Wenn es ans Angießen geht, stehen alle dicht nebenei-

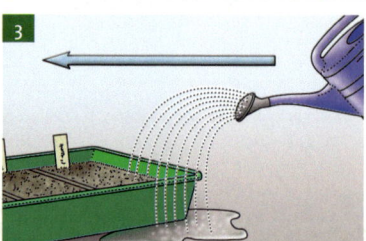

Ich streiche das Brettchen immer sorgfältig ab, sonst ensteht bei weiteren Arbeiten eine „Prachtmischung", da die anhaftenden Samen weiter getragen werden.

Andrücken (1) und Übersieben (2) der Samen ist wichtig, ebenso das vorsichtige Angießen (3).

nander. Zum Gießen setzt man mit feiner Brause schon vor den Kisten an und hört erst hinter den Kisten auf. Dies hat den Vorteil, dass man weder am Ansatz noch am Ende eine tropfende Brause über der Kiste hat. So vermeiden wir mit Sicherheit Ausschwemmungen der Samen und erreichen so, dass diese weiterhin gleichmäßig verteilt liegen bleiben.

AUFLAUFEN DER KEIMLINGE

Die Kisten kommen nun sofort in den Frühbeetkasten, die Fenster bleiben in den ersten Tagen geschlossen. Die meisten Gemüse- und Blumensamen lieben eine feuchtwarme Luft zum Keimen. Sollte das Wetter noch nicht ganz mitspielen, so packen wir um den Rand des Kastens noch etwas Pferdemist und bedecken die Fenster nachts mit Strohdecken oder Ähnlichem. Diese müssen aber morgens entfernt werden, denn die kleinen Keimlinge haben einen hohen Lichtbedarf. Während der ersten und damit heißen Verrottung des Mistes wird meist genügend Wärme erzeugt. Später lässt die Wärmeentwicklung etwas nach. Während des Auflaufens der Samen darf die Erde nicht austrocknen. Im Allgemeinen geschieht das besonders schnell bei Sonneneinstrahlung. Zum Gießen der Saatkisten nehme ich wieder angewärmtes Wasser, um die kostbare Temperatur im Frühbeetkasten nicht unnütz abzusenken. Überhaupt sollte man im zeitigen Frühjahr die Fenster nicht ohne Grund einfach öffnen.

ETIKETTEN NICHT VERGESSEN

Es ist zu empfehlen, ein Etikett an der Saatkiste anzubringen. Dies wird mit einem Bleistift oder einem wetterfesten Stift beschrieben, damit wir es auch später noch lesen können. Etikettierung ist deshalb so wichtig, weil sich viele Sämlinge sehr ähnlich sind.

Was Großvater noch wusste

Da es Anfang März meistens noch etwas kühler ist, helfe ich mir mit einigen kleinen Tricks, um es den Sämlingen so leicht wie möglich zu machen. Ich mische meine Aussaaterde bereits im Spätherbst. Meine alte Komposterde ist meistens noch zu nährstoffhaltig, um sie konzentriert zu verwenden. Daher mische ich etwas Sand und etwas Torf, je nach Feuchtigkeit, der Komposterde unter und lagere diese Mischung im Winter unter einer schwarzen Folie. Diese Erde ist Anfang März dann bestimmt aufgetaut und bei den ersten Sonnenstrahlen schon wesentlich wärmer als freiliegende. Wärme erzeugt einen gewissen Vorsprung.

Minigarten am Küchenfenster

Das Küchenfenster und natürlich alle Fenster im Haus eignen sich zum Anziehen von Jungpflanzen und zur Kräuterversorgung im Winter. Probleme gibt es eventuell mit der Wasserversorgung auf der Fensterbank. Regelmäßig gießen nicht vergessen.

DIE ERSTEN PFLANZEN IM KASTEN

Es gibt einige Blumensaaten, wie Begonien, Geranien, Fleißige Lieschen und Salvien, die schon im Februar ausgebracht werden müssen, da sie sonst einfach zu spät kommen. Frühes Aussäen erfreut das Gärtnerherz mit Blumenpracht.

Beim Gemüse ist es nur der Sellerie, der eine so frühe Aussaat erfordert. Hiervon möchte ich aber abraten, denn wenn der Sellerie im Laufe seiner Anzucht später im Frühbeet einmal etwas zu niedrige Temperatur abbekommt, wird er im Sommer leicht „schießen". Der Sellerie gehört, wie viele Gemüsepflanzen, zu den Zweijahrespflanzen; das heißt, sie blühen im zweiten

Becher diverser Milchprodukte sind praktische und kostengünstige Aussaathilfen.

Eine Folie sorgt nach der Aussaat für „gespannte Luft" und erspart Gießarbeit.

Jahr. Bekommt die Pflanze nun einen Kälte-
schock, so „meint" sie, es wäre schon Winter
gewesen, und blüht im vermeintlichen
zweiten Jahr. Man sollte die Selleriepflanzen
also kaufen, wenn man sie nicht selbst ganz
sicher vor Kälte schützen kann.

AUSSAATHILFEN

Ehe man aber das Küchenfenster in Beschlag
nimmt, sollte man sich mit seiner „Besseren
Hälfte" über Dauer und Umfang der Aktion
einigen, sonst kann es leicht Ärger mit der
Hausfrau geben!

Haben wir die Gelegenheit, ein modernes
Zimmergewächshaus zu bekommen, so sind
schon viele Schwierigkeiten ausgeräumt. Da
diese Hilfsmittel aber oft recht teuer sind,
möchte ich einige kostenlose Möglichkeiten
aufzeigen: Dies sind zum Beispiel Plastik-
schalen, in denen Heringssalat oder Ähn-
liches war, oder auch Styroporschalen vom
Obsthandel. Sie werden mit Aussaaterde
gefüllt, oben bleibt ein Rand von 2 cm frei.
Darüber spannen wir nach der Aussaat eine
Frischhaltefolie oder einen durchsichtigen
Plastikbeutel. Der Sinn der Maßnahme ist,
die Verdunstung als Niederschlagswasser
aufzufangen und das Austrocknen der
Saatschalen zu vermeiden. Als Nebeneffekt
entsteht eine sogenannte „gespannte Luft",
wie auch im Zimmergewächshaus, die den
Keimvorgang wesentlich unterstützt. Wich-
tig ist, dass die kleinen Sämlinge dicht am
Licht stehen, damit sie nicht zu stark in die
Länge wachsen (vergeilen). Wenn die kleinen
Pflänzchen die Keimblätter voll ausgebildet
haben, kann pikiert werden.

Minigewächshäuser sparen viel Zeit, sind aber je
nach Ausführung recht teuer.

PFLANZEN FÜR DIE FENSTERBANK

Diese Methode am Küchenfenster kann für
alle Pflanzen, die eine lange Entwicklungs-
zeit benötigen, Anwendung finden. Zum
Beispiel *Ageratum* (Leberbalsam), Begonien
(Eis-Begonien oder Gottesauge), Calceola-
rien (Pantoffelblumen), Lobelien (Männertreu), *Geranium* (Storchschnabel), Petunien,
Salvien und andere Sommerblumen. Die
Gemüsepflanzen (Blumenkohl, Kohlrabi
und Salat) sollte man besser in einem
gepackten Kasten anziehen. Die Kisten oder
Schalen werden nicht dauernd gedreht, weil
die Pflanzen zum Licht wachsen. Durch das
dauernde Drehen werden die Pflanzen am
schnellen Wachstum gehindert. Man lässt
sie schief wachsen und richtet sie später
beim Pikieren oder Pflanzen gerade.

Frühbeet – der gepackte Kasten

Wunschtraum eines jeden Hobbygärtners ist ein Frühbeet, wie es die Erwerbsgärtner früher betrieben haben. Ein Frühbeet lässt sich für den Laien wesentlich besser bewirtschaften als ein Gewächshaus. Es ist auch billiger, da Eigenbau möglich ist.

FRÜHBEETE GUT VORBEREITEN

Für eine rechtzeitige Pflanzenanzucht müssen spätestens im März die Aussaatkisten und Frühbeete einsatzbereit sein. Wer seinen Frühbeetkasten mit Pferdemist packen kann, sollte sich rechtzeitig umsehen, woher er frischen Pferdemist bekommt. Pferdehalter und Reiterhöfe sind froh, wenn man Mist abholt. Vielleicht organisiert man das zusammen mit einem Nachbarn. Schauen Sie nach preiswerten Möglichkeiten für den Transport, denn sonst wird das Hobby zu teuer.

Aus einem stabilen Frühbeetkasten wird die Erde 40 cm tief herausgegraben. Der Pferdemist, es kann auch Schaf- oder Ziegenmist sein, sogenannter heißer Mist, wird locker und gleichmäßig bis an die obere Kante des Kastens gebracht. Der Mist wird nun fest angetreten, wobei man achtgibt, dass die Packung gleichmäßig stark gerät. Daraufhin wird die Fläche ausgiebig mit Wasser begossen. Jetzt kommt eine etwa 8 cm dicke Schicht alter Komposterde oder guter Gartenerde obendrauf. Der Abstand zwischen der Erde in dem Mistbeet und der Scheibe sollte mindestens 25 cm betragen. Die Fenster werden aufgebracht und der Kasten bleibt fünf Tage lang geschlossen. Nach dieser Zeit wird ausreichend gelüftet und der Kasten kann mit Aussaaten oder Jungpflanzen beschickt werden. Die Wartezeit vom Packen bis zur Bestellung muss unbedingt eingehalten werden, da sonst die bei der ersten stürmischen Rotte des Mistes frei werdenden Ammoniakgase die Pflan-

Die Packung mit Pferdemist sollte möglichst gleichmäßig geschehen. Diese muss im Anschluss noch reichlich gewässert werden.

zen abtöten und den Samen nicht keimen lassen. Die ganze Arbeit des Kastenpackens geschieht Anfang März. Wer einen solchen Kasten zusammengebaut hat, möchte ihn später nie mehr missen.

IM KASTEN VORZIEHEN

Nun können wir alle Gemüsesamen und die Blumen, die nicht schon am Küchenfenster gezogen wurden, aussäen. Wir können direkt in Reihen in die Erde säen und später dann pikieren. Diese Methode halte ich allerdings für unpraktisch und sie kommt auch im Erwerbsgartenbau selten vor. Der Platz im Frühbeet ist kostbar. Man sollte also beweglich sein und den ohnehin immer zu knappen Platz besser ausnützen. Deshalb lohnt es sich, die Pflanzen in Kästen vorzuziehen.

VORBEREITEN DES PIKIERENS

Wenn die kleinen Pflänzchen zwei Keimblätter voll entwickelt haben – dies ist bei Gemüsesamen oft schon innerhalb von 14 Tagen der Fall – wird pikiert, das heißt, die Pflanzen werden vereinzelt. Wir nehmen hierzu am besten die Saatkiste aus dem Frühbeetkasten heraus. Dabei zeigt sich schon wieder der große Vorteil der kleinen Kisten gegenüber der Direktaussaat in die Erde des Frühbeetes.

Pikieren sollten wir an einer windgeschützten Stelle, vielleicht unter dem Vordach der Laube. Die Kisten werden genauso vorbereitet wie die Aussaatkisten.

Dabei streichen wir sie aber nicht mehr glatt, sondern machen in die Mitte der Kiste

eine leichte Wölbung. Das hat den Vorteil, dass sich kein Wasser in der Mitte sammeln kann. Bei den pikierten Pflanzen achten wir nun darauf, dass keine Staunässe entsteht, die oft die Ursache für Schwarzbeinigkeit und andere Vermehrungspilze ist.

Am besten pikieren wir im Verband, das heißt, dass die Pflanzen der zweiten Reihe auf die Lücken der ersten Reihe ausgerichtet werden. Dies hat den Vorteil, dass der Platz besser ausgenutzt wird. Bei den meisten Sämlingen reicht ein Abstand von 4 cm zueinander. Wenn sich die Blätter später berühren, ist es Zeit zum Auspflanzen.

Zum Pikieren benötigen wir ein Pikierholz. Dies können wir heutzutage kaufen, aber wir können es auch leicht aus einem Ast oder einer abgebrochenen Harkenzinke herstellen. Wir schnitzen es nicht ganz spitz, sondern etwas konisch, damit das entstehende Loch in der Erde am Boden nicht zu eng wird.

Der Frühbeetkasten kann wunderbar zur Verfrühung von Salat und anderen Gemüsen verwendet werden. Das spart dem Gärtner viel Geld!

PIKIEREN MIT FINGER-SPITZENGEFÜHL

Wir stechen mit dem Pikierholz unter die Pflanze in der Aussaatkiste und heben die Erde mit der Pflanze leicht an. Dabei fassen wir mit der linken Hand die kleine Pflanze an den Keimblättern an. Jetzt wird ein Loch, an die Stelle, an der die Pflanze hin soll, in die Erde gestochen, wobei wir das Hölzchen etwas drehen. Die Erde sollte nicht zu trocken sein, sonst fällt sie leicht zusammen; wenn sie aber zu feucht ist, bleibt die Erde am Pikierholz kleben.

Nun wird die kleine Pflanze möglichst gerade in das entstandene Loch gehalten. Mit dem Pikierholz wird die Erde schräg zugedrückt. Die kleine Wurzel muss allseitig fest von der Erde umgeben sein. Wir benötigen hierfür eine zarte Hand, da das Gewebe der kleinen Pflänzchen gegen Druck noch sehr empfindlich ist. Es muss immer so

pikiert werden, dass die Keimblätter auf der Erde aufliegen. Wenn wir beim Herausnehmen der Pflanzen feststellen, dass die Wurzel zu lang ist für die neue Erde in der Kiste, dann kneifen wir die Wurzel mit den Fingernägeln etwas ab. Dabei ist darauf zu achten, dass die Wurzel noch ein paar der sehr feinen Seitenwurzeln behält. Wir können die Pflanze also nicht beliebig kürzen, ohne Seitenwurzeln wächst sie nicht weiter.

Zu lange Keimlinge vermeiden wir durch rechtzeitiges Pikieren. Auf keinen Fall darf die Wurzel in das Loch gepresst oder in Windungen hineingedreht werden. Dies würde keine gute Jungpflanze ergeben. Ist es nun einmal passiert, dass die Pflänzchen schon zu lang geworden sind, ist es ratsamer, noch einmal auszusäen; denn später ärgert man sich dann doch über missratene Pflanzen. Ist der Kasten fertig pikiert, rütteln wir ihn ganz leicht, sodass sich die Erde noch etwas glättet. Die Pflanzen werden mit einer feinen Brause angegossen.

Pikieren Schritt für Schritt: Substrat lockern (1), Pflänzchen herausnehmen (2), Jungpflanze einsetzen (3), vorsichtig angießen (4).

REGELMÄSSIG LÜFTEN

Bei der weiteren Kultur ist darauf zu achten, dass die Pflanzen nicht zu nass stehen. Dies fördert viele Pilzkrankheiten. Automatisches Lüften ist oft zweckmäßig. Wenn das Frühjahr weiter voranschreitet und die Sonne stärker wird, entsteht im Kasten oft eine zu hohe Temperatur. Dies kann die Pflanzen so schädigen, dass sie eingehen.

Wer noch kein Rentner ist, und nicht jeden Tag im Garten verbringt, sollte einen automatischen Fensterheber einbauen, damit durch die Sonne kein Hitzestau

Ein vorsichtiger Umgang mit den empfindlichen Pflänzchen ist beim Pikieren erforderlich.

Pflanzen des Frühbeetes abzuhärten, lassen wir reichlich frische Luft an die jungen Gewächse und nehmen auch über Nacht die Fenster ganz ab. Wollen wir aber nur einzelne Pflanzkisten abhärten, so stellen wir diese tagsüber an eine windgeschützte und schattige Stelle. Nachts kommen die Kisten zurück ins Frühbeet. Nach zwei Tagen können sie dann ohne Bedenken ausgepflanzt werden. Wer all dies beachtet, bei dem kann eigentlich nichts schiefgehen.

entsteht. Das Problem der Sonneneinstrahlung, und damit das Verbrennen der Pflanzen, können wir vermeiden, indem wir statt Glas Stegdoppelplatten, die im Baumarkt erhältlich sind, einsetzen. Wir können auch die Glasflächen mit Kalk oder Roggenmehl einstreichen. Der Vorzug des Roggenmehlanstriches ist, dass er sehr schnell bei feuchtem Wetter abgewaschen wird und die Pflanzen nicht lange im Schatten stehen. Wir müssen den Anstrich nach dem Regen natürlich erneuern, sonst verbrennen die Pflanzen doch noch.

SCHRITT FÜR SCHRITT ABHÄRTEN

Wenn die Witterung stimmt, oder die Pflanzen groß genug sind, wird es im April Zeit zum Auspflanzen. Dafür muss man die Pflanze aus dem Kasten erst abhärten. Die warme und feuchte Luft im Kasten hat die Pflanzen verwöhnt und sie würden im Freien einen Schock bekommen. Um alle

Was Großvater noch wusste

Manchmal reicht der Platz im Frühbeet einfach nicht aus. Nun kann man sich mit einem „Wanderkasten" helfen. Man nimmt vier Bretter, mindestens 20 cm, besser 25 cm breit, und stellt sie so gegeneinander, dass sie ein Viereck bilden. Da sie nicht von allein so stehen bleiben, steckt man Hölzer oder kleine Eisen von außen an die Bretter, damit sie nicht umfallen. Obenrauf kommt ein altes Fenster, eine Folie oder eine Stegdoppelplatte, die man im Baumarkt erhält. Fertig ist ein provisorischer Frühbeetkasten, den man schnell abbauen und wo anders wieder aufbauen kann, schneller geht es nicht. Bewährtes Wort: Versuch macht klug.

Vorbereitungen im Garten

Im Frühjahrsgarten sieht es oft noch ein bisschen chaotisch aus. Pflanzenkisten stehen herum, Erde und Blumentöpfe sind bereit. Nicht aus der Ruhe bringen lassen, es ordnet sich später alles wieder. Wohl dem, der etwas Platz hat.

REICHLICH PLATZ FÜR JUNGE PFLANZEN

Der Platzbedarf einzelner Pflanzenarten, beispielsweise von Gemüsejungpflanzen, ist unterschiedlich. Man kann dies in Tabellen nachlesen. Salat will zum Beispiel gern 25 x 25 cm und Kohlrabi 30 x 30 cm stehen.

Aber einfacher ist es, sich vorzustellen, wie groß die Jungpflanze werden soll, wie groß der Salatkopf oder Kohlkopf später sein wird. Da man sowieso in Mischkultur pflanzen sollte, ist darauf zu achten, dass der Abstand etwas weiter ist, als man vermutet.

REGENTONNE AUFSTELLEN

Ab März daran denken, die Regentonnen wieder aufzustellen, da man erfahrungsgemäß schon sehr früh Wasser benötigt. Dabei ist darauf zu achten, dass die Regentonne eine Neigung zum Weg und nicht zur Laube hat. Überlaufendes Wasser hat schon manche Laube auf dem Gewissen!

In jede Regentonne gehört zum Schutz der Insekten ein Stück Holz! Sollte nämlich ein Insekt beim Wasserholen hineinfallen, kann es sich auf das schwimmende Holz retten. Es wartet, bis es wieder trocken ist und fliegt dann weiter.

GUTER BODENBELAG

Die Aussage, mit der Gartenarbeit solange zu warten, bis der Boden abgetrocknet ist und mindestens eine Temperatur von 10 °C erreicht hat, ist nur bedingt richtig. Dies behaupten Gartenfreunde, die gerade

Regentonnen kann man gar nicht genug haben. Ein Stück Holz darin hat schon so manchem Insekt das Leben gerettet.

vom Winterschlaf erwacht sind und gleich wieder in die Frühjahrsmüdigkeit fallen. Zu beachten ist allerdings, dass das Bodenleben auch langsam aufwacht und deshalb besonders im Frühling geschont werden sollte. Legen Sie einfach ein paar Bretter oder Kisten auf den Boden, damit Sie mit den Füßen den Boden nicht verdichten. Soll sich der Boden schneller erwärmen, müssen Sie gegebenenfalls die Mulchschicht zur Seite räumen. Unter der Mulchschicht erwärmt sich der Boden langsamer.

BAUERNREGELN

Ist der Mai kühl und nass, füllt dem Bauern Scheun und Fass! Die alte Bauernregel ist noch immer gültig. Ein feuchter Mai lässt die Pflanzen gut wachsen. Ist er dazu auch noch kühl, können die Pflanzen im mäßigen Tempo wachsen, vergeilen nicht so (haben kein übermäßiges Längenwachstum) und bringen daher bessere Erträge.

Bei Gewitter im Mai, da spricht der alte Bauer Juchhei.

Die Eisheiligen sind ein wichtiger Zeitbegriff. 12. Mai = Pankratius, 13. Mai = Servatius, 14. Mai = Bonifazius und 15. Mai = die „kalte Sophie". In manchen Jahren fallen die Eisheiligen auch aus. Dies ist aber nie vorhersehbar. Auf jeden Fall wird es Mitte Mai noch einmal kalt. Empfindliche Pflanzen, wie Gurken, Bohnen, Kürbis, Tomaten, Sellerie und Blumen sowie vor allem Balkonkastenpflanzen, dürfen aus diesem Grunde erst nach dem 15. Mai ausgepflanzt werden. Sollte es nach dem 15. Mai noch einmal frieren – hin und wieder friert es sogar noch am 22. Mai – so können viele der oben genannten Pflanzen dadurch gerettet werden, dass man ganz früh morgens auf die gefrorenen Pflanzen kaltes Wasser gießt.

Egal welche Kapriolen in den letzten Jahren mit dem Wetter geschehen sind, die alte Bauernregel von den „Eisheiligen" sollte man nicht außer acht lassen.

Trittbretter oder -roste sind eine gute Hilfe, um den Boden nicht zu verdichten. Sie sind leicht selbst herzustellen.

Tomatenpflanzen sollten immer dunkelgrün und gedrungen sein. Nach den Eisheiligen werden sie ausgepflanzt.

Schnecken, Maulwurf und Co.

Tierfreund hin, Tierfreund her, wer will schon seine ganze Ernte oder Blumen opfern. Also müssen wir etwas unternehmen. Es gibt viele naturverträgliche Maßnahmen, man muss nicht immer zum Gift greifen. Aber tun sollte man etwas.

AMEISEN BEHUTSAM ENTFERNEN

Die Ameisen sind in der freien Landschaft große Nützlinge. Im Garten machen sie aber viel Schaden. Wenn sie gehäuft auftreten, lockern sie nicht nur die Gehwegplatten, sondern können auch Pflanzen an der Wurzel schädigen, sodass diese schwächeln oder ganz eingehen. Noch größer ist der Schaden auf den Pflanzen. Sie pflegen nicht nur die Blattläuse, sondern schleppen sie auch von den Nachbarn ein. Kommt dann ein Marienkäfer und will Blattläuse fressen, dann beißen sie diesem in die Beine. Natürlich kann man viel dagegen unternehmen. Der ganz freundliche Hobbygärtner stellt einen leeren, großen Blumentopf auf das Nest oder die größte Ameisenstraße. Nach einigen Tagen haben die Ameisen ihr Nest in dem Hohlkörper gebaut. Beobachten kann man das auch an Figuren im Garten, wenn sie hohl sind. Nun nimmt man eine Schaufel und schiebt sie unter den Blumentopf und schafft das Nest in die Umgebung, wo die Ameisen nützlich sind. Ein robusterer Gartenfreund streut Backpulver mit Zucker auf die Ameisenstraßen. Die Königin wird gefüttert und platzt dann. Natürlich kann man auch Fangdosen einsetzen. Alle Maßnahmen müssen aber immer so lange wiederholt werden, bis alle Ameisen aus dem Garten verschwunden sind.

Ameisen kann man in Töpfen ansiedeln und dann in die Natur hinaus bringen.

SCHNELLER ALS DIE SCHNECKEN

Schnecken gibt es manchmal mehr, manchmal weniger, aber immer so viel, dass manche Kulturen überhaupt nicht möglich sind. Man hört viele Tipps und noch mehr dumme Reden über Schnecken. Eine gute Methode ist es, sie nachts mithilfe einer Taschenlampe abzusuchen. Bretter, die man auf die Beete legt, dienen als vorläufige Unterkunft, wenn die Sonne aufgeht. Die Schnecken müssen aber sehr früh morgens, ehe sie sich in die Erde wühlen, beseitigt werden. Auf jeden Fall muss man sie töten. Durchschneiden mit der Schere ist das Schnellste. Überbrühen mit kochendem Wasser oder Bestreuen mit Salz ist nicht nur umständlich, sondern auch grausamer. Auf keinen Fall zum Nachbarn werfen oder vor das Gartentor bringen, sie kommen wieder. Ertränken kann man sie auch nicht, denn

Bierfallen sind sehr wirksam. Schnecken schmeckt auch abgelaufenes Bier.

Igel würden nie eine Schnecke fressen, die an einem Schneckenkorn verendet ist.

Marienkäferlarven sind gute Helfer im Kampf gegen die lästigen Blattläuse im Garten.

sie krabbeln wieder raus. Bierfallen locken zwar gut an, sind aber auf die Dauer doch recht teuer. Die dumme Rede, dass man dadurch auch die Schnecken des Nachbarn mit anlockt, ist zwar wahr, aber die muss ich auch mit bekämpfen, denn in den nächsten Nächten sind sie bei mir. Der vernünftige Einsatz von Schneckenkorn ist wegen Zeitmangel auch zu vertreten, denn die schädliche Wirkung für andere Lebewesen gehört in das Reich der „Biosagen". Nicht aufgeben, der Kampf ist mühsam, aber er bringt auch Erfolg!

DEN MAULWURF VERGRAULEN

Sollte der Maulwurf den Garten heimsu-
chen, so ist dies ein Zeichen, dass der Garten einen guten Boden hat und mit vielen
Regenwürmern bedacht ist. Der Maulwurf
frisst nämlich nur Regenwürmer. Da der
Maulwurf unter Naturschutz steht, darf er
nicht gefangen werden. Ich habe in meinem
langen Leben noch nie einen Fachmann
getroffen, der diese Maßnahme verstehen
konnte. Es bleibt nur die Möglichkeit, ihn
zu vertreiben, indem Sie einen Lappen mit
ein paar Tropfen Petroleum tränken und
diesen in dem Gang des Maulwurfs vergraben. Den Geruch des Petroleums mag der

Im größten Haufen hat der Maulwurf seine Unterkunft für den Winter.

Was Großvater noch wusste

Lärm vertreibt den Maulwurf. Man
nimmt einen cirka 1 m langen kleinen
Eisenstab und bindet etwa fünf
Konservendosendeckel lose an den
Stab. Den Stab direkt in den Gang
stecken. Der Wind erzeugt ein
andauerndes Scheppern. Am
besten benutzt
man mehrere
Stäbe, dann kann
man ihn in die ge-
wünschte Rich-
tung treiben, bis
er aus dem
Garten heraus
ist.

Mit seinen starken Grabwerkzeugen schafft er rückwärts Erde aus den Gängen.

Maulwurf absolut nicht und zieht dann seines Weges. Auch andere Geruchsstoffe, wie Karbid, Knoblauch und Holunder haben eine gewisse Wirkung. Eine andere Möglichkeit der Bekämpfung ist mit Lärm (siehe „Was Großvater noch wusste"). Im Frühjahr bezieht der Maulwurf oft neue „Wohnungen" und übernimmt auch alte Gänge. Daher aufpassen, dass er sich gar nicht erst ausbreitet. Wenn er nur den Rasen verunzieren würde, könnte man vielleicht tolerant sein, aber er ist für Gärtner ein echter Schädling, weil er sich nur von den nützlichen Regenwürmern ernährt.

Gartenpraxis im *März*

Die Regentonne kann nun wieder aus ihrem Winterquartier geholt werden. Außer an dem **Schmetterlingsstrauch** sollten bis März keine **Schnittarbeiten** mehr im Ziergarten durchgeführt werden. Im Staudenbeet ist großer **Frühjahrsputz** angesagt. Stauden können geteilt und Dahlien im Frühbeet in Töpfen aufgestellt werden. Auch auf Balkon und Terrasse werden die **Kästen** für die neue Gartensaison vorbereitet. **Aussäen** und Herrichten des **Frühbeetkastens** zählen zu den wichtigen Gartenarbeiten im März. Bis auf wenige Ausnahmen sollten die **Schnittmaßnahmen** im Obstgarten abgeschlossen sein. Den **Teich** sollte man im Frühjahr im Auge behalten, denn, je nach Witterung, wollen die kleinen **Kröten** (siehe Abb.) bereits im April den Teich verlassen. Dazu brauchen sie ein flaches Ufer oder einen Steg, den man bereits im März bauen kann. Achtung! Dabei aber nicht mehr den Schlamm auf dem Grund aufrühren, damit würde man die ruhenden Tiere empfindlich stören.

Beliebte Lückenfüller und Stauden

Im Ziergarten kann im Frühjahr Ordnung gemacht werden. Die alten Staudenstängel werden zurückgeschnitten. Gestaltungswünsche kann man noch schnell verwirklichen. Wichtig ist, dass es feucht genug ist. Nicht zu früh mit Sommerblumen arbeiten.

AUFRÄUMEN IM STAUDENBEET

Im Staudenbeet kann im März Ordnung gemacht werden. Herr Sauberfrau und Frau Reinlich können die Stängel der Stauden abschneiden und die abgestorbenen oder kranken Blätter entfernen. Nun sind die Nützlinge ausgeflogen und brauchen nicht mehr den Schutz des Staudenbeetes. Es können noch Stauden geteilt werden, vor allem alle Herbstblüher. Dahlien und Canna werden vorgetrieben. Dahlien kann man eintopfen oder stellt die Knollen im Frühbeet mit auf. Nach den Eisheiligen können sie dann ausgepflanzt werden.

Was Großvater noch wusste

Steckzwiebeln werden einen Tag vor dem Stecken ins Wasser gelegt, damit sie aufquellen. Dies würden sie auch in dem Beet tun, dabei schieben sie sich aber wieder etwas aus der Erde. Wenn ab und zu Steckzwiebeln daneben liegen, so waren es diesmal nicht die Vögel. Es waren die Regenwürmer, die nachts abgestorbenes Pflanzenmaterial in den Boden ziehen wollen, um es einzuweichen.

AUSSAATSTART IM BLUMENBEET

Mitte Mai können die frostempfindlichen Arten ausgepflanzt werden, wie Begonien, Fleißige Lieschen, Männertreu, Salvien, Verbenen und Zwerg-Dahlien. Überzählige Pflanzen können im Gemüsebeet als Einfassung oder als Mischkultur dienen. Mischkulturen bringen Abwechslung und sind gut für die Bodengesundheit.

GUTE LÜCKENFÜLLER

Einen kleinen Vorrat von Sommerblumen sollte man eintopfen und aufheben, denn Lücken im Beet entstehen immer. Es bewährt sich, wenn man einen ausreichend großen Kompostplatz anlegt, der zirka 5 % der Gartenfläche beträgt. Dort können die Pflanzen gut im Schatten stehen und man muss nur ab und zu gießen. Wenn dann Lücken im Beet entstehen, durch zu viel oder zu wenig Wasser oder Schneckenfraß, dann hat man immer eine Reserve. Lücken im Staudenbeet kann man auch mit mehrjährigen Kräutern wie Berg-Bohnenkraut, Oregano, Pfefferminze und Salbei füllen. Sie sind nicht nur wegen ihres Nutzens willkommen, sondern bereichern auch mit ihrer Blüte das Nahrungsangebot für Insekten.

GLADIOLEN FÜR DIE VASE

Wer Gladiolen als Schnittblumen haben möchte, sollte beim Setzen der Knollen immer 14 Tage Abstand halten. Die Zeitver-

Was Großvater noch wusste

Wenn die Frühlingsblüher in den Blüten unansehnlich werden, dann nur die Blüte mit dem Fruchtknoten entfernen, nie die Blätter oder Stängel abschneiden, denn diese werden noch zur Assimilation gebraucht. Die Assimilate werden in den Zwiebeln gespeichert, damit diese im nächsten Jahr stärker blühen können. Wer die schlechten Blätter absolut nicht sehen will, kann Sommerblumen darüber pflanzen, das schadet weder den Blumenzwiebeln noch den Sommerblumen.

zögerung beim Pflanzen wiederholt sich beim Blühen. Nicht vorgetriebene Dahlien legt man schon Anfang Mai in den Boden. Bis die ersten Triebe aus der Erde schauen, sind die Eisheiligen vorbei.

GESUNDE SOMMER-ASTERN

Wer schlechte Erfahrung mit der Asternwelke gemacht hat, sollte die Sommer-Astern im Mai gleich an Ort und Stelle sehr dünn aussäen. Der Pilz dringt nur durch verletzte Wurzeln ein. Da die Pflanzen nicht umgepflanzt werden, und somit die Wurzeln heile bleiben, hat der Pilz keine Chance.

Mit frischen Kräutern, wie hier der Pfefferminze, lassen sich gut Lücken im Staudenbeet füllen.

Dahlien sind eine Bereicherung im Blumenbeet.

Der letzte Schliff für Ziergehölze

Im Frühjahr kann man bei den Ziersträuchern noch einiges machen. Forsythien, Sommer-flieder und Rosen stehen zum Schnitt bereit. Mit ein paar Kniffen kann jeder Hobbygärtner seine Ziergehölze in Form bringen.

DIE LETZTEN SCHNITTARBEITEN

Im März sollte die Hauptarbeit im Ziergar-ten abgeschlossen sein. Schnittarbeiten bei den Ziergehölzen erledigt man immer besser im Winter. Eine Ausnahme bildet der Schmetterlingsstrauch, diesen können wir noch gut zur Hälfte herunter schneiden, denn er blüht nur an neuen Trieben gut. Die Triebe in der Mitte lässt man um einige Zentimeter länger. Dem Strauch genügen verbleibende 30 cm zum Nachwachsen.

BEET-, KLETTER-, UND PARK-ROSEN SCHNEIDEN

Ende April ist Rosenschnitt angesagt. Auf keinen Fall eher schneiden, auch wenn die Pflanzen schon Austriebe zeigen. Rosen, die man für Beetschmuck gepflanzt hat, werden heruntergeschnitten, um eine gute Stängelbildung zu erreichen. Eine Faustre-gel: Triebe, die so dick wie ein Bleistift sind, können auch so lang wie ein Bleistift bleiben dickere Triebe etwas länger und dünnere entsprechend kürzer! Abgestorbene Triebe

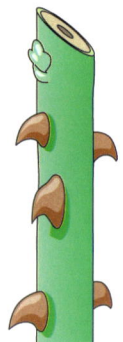

Rosen werden leicht schräg vom Auge weg nach unten geschnitten.

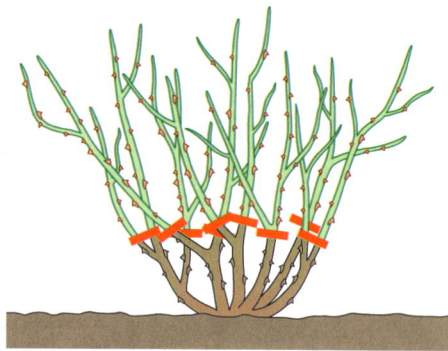

Wer lange Stiele haben möchte, sollte keine dünnen Triebe stehen lassen.

nimmt man heraus. Auch Triebe, die zu weit von der Pflanze abstehen, schneidet man ab. Es ist ratsamer, einige Austriebe abzuschneiden, als die Pflanzen zu hoch werden zu lassen. Kletterrosen und Parkrosen (Strauchrosen) werden nur etwas verjüngt. Dazu entfernt man sehr alte Zweige möglichst in Bodennähe.

Rosen in ihrer Vielfalt von Farben und Düften dürfen in keinem Garten fehlen.

Je mehr man alte Blüten entfernt, desto mehr neue bekommt man.

RÜCKSCHNITT FÜR VERBLÜHTE PFLANZEN

Die Frühjahrsblüher unter den Sträuchern können im Mai ausgelichtet werden. Man schneidet bei Sträuchern immer ganze alte Äste heraus, niemals einkürzen, sonst sehen die Pflanzen aus wie bei einer Baugesellschaft, wo der Hausmeister zeigen will, wie groß er ist. Die verblühten Blüten des Rhododendrons und des Flieders bricht man

aus. Dies stärkt die Knospenbildung für das nächste Jahr. Wenn der Rhododendron am Verblühen ist, ist es die beste Zeit für einen Rückschnitt. Man kann mit der Säge auch dickere Zweige entfernen, Hauptsache man lässt noch etwas Grün am verbleibenden Ast. Zu groß gewordene Rhododendren vertragen jetzt jeden Schnitt. Sie treiben auch noch aus, besonders, wenn sie genügend Wasser bekommen.

Schwachwüchsige Arten werden bis auf 10–15 cm eingekürzt.

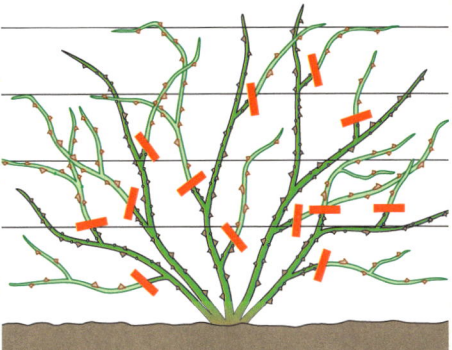

Park-, Strauch- oder Kletterrosen immer nur auslichten.

Auf die Plätze – Rasen los

Rasen ist des Deutschen Lieblingskind. Rasen wie bei der englischen Königin erhält man, wenn man englisches Wetter erzeugt. Dazu wird viel Regen und immer feuchte Luft benötigt. Es gibt auch andere Möglichkeiten, den Rasen schön zu gestalten.

RASENVORKULTUR MIT KARTOFFELN

Rasen kann im Mai ausgesät werden, trotzdem wäre es besser, erst vorher auf der Fläche Kartoffeln zu pflanzen. Der Kartoffelanbau macht den Boden gar, das heißt feinkrümelig und er wird auch unkrautfrei. Erneutes Umgraben ist nicht erforderlich und die Planierarbeiten sind einfacher.

Ein Rasen voller Moos! Durch richtiges und regelmäßiges Mähen kann hier Abhilfe geschaffen werden.

DIE RICHTIGE NAHRUNG FÜR DEN RASEN

Von Regen und Schnee im Winter ist viel Stickstoff in den Boden eingetragen worden, daher den Rasen nicht vor Juni düngen. Anfang Mai kann man damit beginnen, den Rasen zu mähen. Auf keinen Fall sollte man zu früh mähen, da die einzelnen Gräser erst einmal richtig durchtreiben müssen. Gras ist eine Pflanze, es braucht die Blätter zum Assimilieren. Wichtig ist es deshalb, dass man nie unter 4 cm schneidet, meist erübrigt sich die Frage nach Moos im Rasen. Moos setzt sich nur dazwischen, wo man das Gras umgebracht hat. Dies geschieht durch falsches Vertikutieren, zu tiefen Schnitt und Unterernährung.

HILFE GEGEN MOOS

Moos im Rasen entsteht durch Kulturfehler: Staunässe, Unterernährung, zu kurzer Schnitt, falsches Vertikutieren, tiefer Schatten, Windstille im Garten und hohe Bäume und Sträucher am Rand. Durch diese Faktoren sterben Graspflanzen ab. Das Moos setzt sich in die Lücken. Moos verdrängt keinen Rasen, sondern füllt die Lücken. Moos-

und Unkrautvernichter bleiben meist wirkungslos und sind in Laienhand oft sehr schädlich. Abhilfe: Mäher auf mindestens 4 cm Höhe einstellen, jede Woche einmal mähen. Anschließend 5 g Hornmehl pro Quadratmeter ausbringen und wässern. Das Geheimnis des Englischen Rasens ist das

englische Wetter. Wer zu viel Geld hat oder dieses auf dem Rasen ausstreuen möchte, kann natürlich die vielen Rasenspezialdünger verwenden. Wenn diese sachgemäß angewendet werden, schaden sie nicht. Leider hat der Laie immer Schwierigkeiten, die Dünger richtig zu dosieren.

Gartenpraxis im *April*

Im April werden die Rosen geschnitten, auf keinen Fall früher. Ausgesäte Pflänzchen können **vereinzelt** werden, durch Lüften des Frühbeetkastens werden sie fürs Beet gut **abgehärtet**. Jetzt kümmert man sich auch um seine **Kartoffeln**, sie werden nach dem 15. April in Dämmen angepflanzt. **Erdbeeren** schützt man vor Verunreinigung und Grauschimmel, indem sie mit Stroh gemulcht werden (siehe Abb. links). Man kann auch frischen Pferdemist im Februar verwenden. Auf jeden Fall dürfen die Erdbeerpflanzen nicht erstickt werden. Beim Austrieb der Birnbäume kann man etwas gegen den

Birnengitterrost (siehe Abb. rechts) unternehmen. Es gibt ungiftige Mittel, die einen hundertprozentigen Erfolg garantieren, diese müssen aber sorgfältig angewandt werden. **Himbeeren** und **Brombeeren** werden gemulcht, sie brauchen standfeste Gerüste, an denen sie heranwachsen. An den Obstbäumen sind jetzt die **Leimringe** zu entfernen. Der Schnitt der Pfirsichbäume erfolgt während der Blütezeit, dann sieht man die nicht tragenden Zweige sehr gut. Erfahrene Hobbygärtner können **Obstbäume umveredeln** und nicht mehr erwünschte Sorten aus dem Garten verbannen.

Pflanzzeit auf Balkon und Terrasse

Balkon ist das Zauberwort. Wer bekommt die beste und schönste Bepflanzung hin? Wer hat die längsten, die größten Pflanzen? Macht die Stadt dieses Jahr wieder einen Wettbewerb? Jeder möchte doch gerne eine schöne Balkonbepflanzung haben.

KUHMIST – GUTER DÜNGER FÜR BALKONPFLANZEN

Die Balkon- und Kübelpflanzen können, wenn man sie abends schützen kann, ab Mai gepflanzt werden. Es reicht oft aus, ein Tuch oder eine kleine Decke über die Pflanzen zu breiten. Die Händler bieten diese Pflanzen schon so früh an, wohl in der Hoffnung, dass sie noch einmal erfrieren. In die Erde der Kübel und Kästen immer Vorratsdünger mit einbringen. Am besten in Form von Kuhmist. Hat man keine Möglichkeit Kuhfladen oder Kuhmist zu bekommen, kann man ersatzweise auch getrockneten Rinderdung verwenden. Kuhfladen werden nicht ganz unten im Kübel oder Kasten eingebracht, sondern im unteren Drittel der Erde einfach dazwischengetan. Pro Wassereimer (10 l) Erde sollte man zwei gehäufte Hände voll verwenden. Getrockneter Rinderdung wird im selben Verhältnis in die Erde gemischt. Synthetische Vorratsdünger können die Umwelt belasten, dies tun sie bereits bei ihrer Erzeugung.

In Balkonkästen muss die Erde jedes Jahr erneuert werden, alte Komposterde reicht dafür aus.

Beim Bepflanzen der Kästen etwas natürlichen Vorratsdünger einbringen.

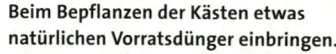

BALKONKÄSTEN VORBEREITEN

Die Balkonkästen und Pflanzkübel werden im März vorbereitet, das heißt gesäubert. Bei Holzfässern muss man noch die Reifen (Stahlbänder) fest anklopfen, denn diese werden sich im Lager gelockert haben. Es ist auch Zeit für Neuanschaffungen. Bei der Erde reicht es aus, wenn man gute alte Komposterde hat. Diese kann noch mit etwas Kuhmist verbessert werden. Wer seinen Balkonkasten mit Stiefmütterchen bepflanzt, hat dann im Mai sehr viel Zeit, die Sommerbepflanzung auszusuchen.

GARTENKRÄUTER AUF DEM BALKON

Wer über keinen Garten verfügt, kann natürlich auch im Balkonkasten Kräuter anbauen. Dabei ist zu beachten, dass der Kasten nicht zu klein ist, da er über einen gewissen Vorrat an Erde verfügen sollte.

Auch Kräuter eignen sich hervorragend für den Anbau auf dem Balkon.

Eine Bepflanzung mit Melisse, Oregano, Pfefferminze, Salbei und Schnittlauch, ist nicht nur nützlich, sondern auch ein schöner Schmuck. Gegen Ende des Sommers muss man vielleicht etwas mit Flüssigdünger nachdüngen, weil im Kasten oder Kübel schlechtere Nährstoffbedingungen herrschen als im Freiland.

TRIEBE STUTZEN

Eingewinterte Pflanzen für Balkon oder Terrasse müssen im Mai eventuell gestutzt werden. Die Pflanzen haben im Winterquartier oft Triebe gebildet, die zu lang oder zu weich sind. Manchmal wird die Pflanze selbst zu groß. Dann kann man jetzt einmal so richtig die Schere ansetzen. Auf jeden Fall bekommt mehr Licht ihnen gut.

Was Großvater noch wusste

Die beste Erde für Balkon und Terrasse ist gute alte Komposterde, die man mit etwas Kuhmist, zur Not getrockneter Dung, verfeinert. Der Kuhmist (Kuhfladen) darf nicht zu weit unten eingebracht werden, da er sonst die Wasserabzugslöcher verstopfen kann. Er führt nicht zur Geruchsbelästigung, es gibt einfach keinen besseren Dünger für Kästen und Kübel.

Gemüse schnell und lückenlos

Wer schwärmt nicht vom eigenen frischen Gemüse? Nun geht es wieder los im Beet. Selbst Kinder, die oft mit Gemüse wenig am Hut haben, essen es gerne, wenn sie es wachsen gesehen haben. Noch besser schmeckt es ihnen, wenn sie beim Anbau mithelfen durften.

GEMÜSEVERSORGUNG FÜR DIE GANZE FAMILIE

Im Märzen der Bauer die Rösslein einspannt... Also Schluss mit dem Winterschlaf! Aber die Frühjahrsmüdigkeit brauchen wir jetzt auch nicht. Nach diesem Motto verfahren auch die Gartenfreunde. Ehe es richtig mit der Gartenarbeit losgeht, sollte man überlegen, wie gesund Gemüse ist und wie viel wohlschmeckender, preiswerter und giftfreier das eigene Gemüse erzeugt werden kann. Der März ist der Monat, in dem alles von Neuem beginnen kann. Manche Gartenfreunde haben sich wegen eventueller Misserfolge vom Gemüseanbau abgewandt. Es gibt aber immer bessere und unempfindlichere Sorten. Aus diesem Grunde sollte man den Gemüseanbau wieder wagen. Für eine Vollversorgung eines Vier-Personen-Haushalts – ohne Winterkartoffeln – werden 300 m² benötigt.

Man sollte auf jeden Fall Gemüsearten anbauen, die man auch als Anfänger problemlos zum Erfolg führen kann. Dazu gehören Frühkartoffeln, Kohlrabi, Salat, Spinat, Feldsalat, Rote Bete, Bohnen, Gur-

ken, Tomaten, Zucchini, Kürbis, Pastinaken, Schwarzwurzeln, Radieschen und Rettiche. Empfindlichere Kulturen wie Fenchel, Auberginen oder solche, wie Möhren und Petersilie, bei denen die Schädlinge überlistet werden müssen, kommen erst bei einer gewissen Erfahrung zum Zuge. Auf jeden Fall entlastet das eigene Gemüse und Obst die Haushaltskasse um bis zu 40 %.

GROSSE BOHNEN

Große Bohnen, auch Sau- oder Pferdebohnen genannt, Möhren und Steckzwiebeln können schon Anfang März in die Erde. Je

Keimlingen immer einen lockeren Boden bieten. Er ist oft durch Regen oder Gießwasser verdichtet.

eher die Großen Bohnen gesteckt werden, desto weniger oder gar keine Läuse bekommen sie. Man kann sie auch noch mehr verfrühen, wenn man sie in Blumentöpfen im Frühbeet anzieht. Wenn sie ca. 20 cm hoch sind, werden sie nach dem Abhärten ausgepflanzt.

MAIGEMÜSE

In Töpfen sät man im Mai Bohnen, auch Stangen-Bohnen sowie Gurken, Kürbis und Zucchini aus. Wenn dann Mitte des Monats etwas Platz im Frühbeet wird, kann man die verbleibenden Kisten so aufstellen, dass man die Folgekulturen, wie Gurken, Auberginen, Melonen und Paprika, auspflanzen kann.

VORGEZOGENE PFLANZEN

Vorgezogene oder verfrühte Pflanzen unter einer Folie können im Mai nur bei trübem Wetter von der Abdeckung befreit werden, sonst verbrennen die Pflanzen. Sollte kein trüber Tag kommen, dann muss man am Tag stark lüften und die Folie erst gegen Abend entfernen.

GUTE LUFT IM FOLIENTUNNEL

Die meisten Gartenfreunde setzen Frühbeete und Folientunnel zur Pflanzenanzucht oder Gemüseverfrühung ein. Damit die Pflanzen nicht verbrennen, muss an sonnigen Tagen unbedingt für ausreichend

Im bedeckten Hochbeet darauf achten, dass die Wasserversorung stimmt, gerade an warmen Tagen.

Auch mit dem kleinsten Frühbeet hat man Erfolg und kann selbst ernten.

Lüftung und Schatten gesorgt werden. Im Folientunnel kann man sich mit einer Schüssel Wasser helfen. Durch die Verdunstung des Wassers beschlägt die Folie und spendet den Pflanzen dadurch schon genügend Feuchtigkeit. Zur Lüftung reicht es, eine Giebelseite etwas anzuheben.

Die Pflanzen in den Frühbeeten verlangen ganz besondere Aufmerksamkeit. Sie dürfen nicht zu warm und auch nicht zu nass stehen.

FRÜHKARTOFFELN LEGEN

Nach dem 15. April können die Frühkartoffeln gelegt werden. Die Spätsorten haben noch ein paar Tage länger Zeit. Achtung, denken Sie daran: Wer viele Kartoffeln im Damm haben will, muss auch einen großen Damm herstellen können. Frühkartoffeln pflanzt man im Abstand von 75 x 35 cm, Spätkartoffeln im Abstand von 80 x 35 cm. Um eine bessere Ernte zu erzielen, sollte oft angehäufelt werden. Anhäufeln bedeutet, dass immer wieder geringe Mengen von Erde um die herausschauenden Treibe gelegt wird, sodass diese vollständig mit Erde bedeckt sind.

Die Rille zum Legen der Kartoffeln kann schon einige Tage vor dem Auslegen gezogen werden, da sich dann die Erde etwas schneller erwärmt. Beim Hervorbrechen der ersten Triebe wird alle paar Tage angehäufelt, um den Trieb vor dem Frost zu schützen. Sollte Ihr Nachbar immer noch den Rasen vertikutieren, dann lassen Sie sich den Abfall geben. Breiten Sie diesen

Was Großvater noch wusste

Gemüse und Kräuter sind gesund, nicht nur wegen der Vitamine. Besonders gut für die Gesundheit ist es, wenn im Selbstanbau keine Pestizide eingesetzt werden. Im Gegensatz zum Erwerbsanbau ist es im Hobbygarten unnötig, bei Kräutern die Blattläuse zu bekämpfen. Pilzbefall kann man vermeiden oder den befallenen Teil ausschneiden. Dies kann natürlich der Gärtner, der seine Ware verkaufen will, nicht machen.

über dem Kartoffelland aus und häufeln Sie immer etwas mit in den Damm. Die Kartoffeln werden größer und bleiben gesünder. Am 15. Mai ist bei uns meist der Frost vorbei, dann kann man mangels Masse

Kartoffeln werden in Rillen ausgelegt. Man zieht sie bereits einige Tage zuvor.

Den Abfall vom Vertikutieren des Nachbarn kann mit in die Kartoffeldämme eingearbeitet werden.

auch nicht mehr anhäufeln. Um die Kartoffelnematoden zurückzudrängen, werden in die Furche Tagetes gepflanzt. Damit die Kartoffeln nicht die bekannten schwarzen Flecken in den Knollen bekommen, dürfen sie niemals überdüngt werden. Auf einem verhungerten Boden wachsen sie allerdings auch nicht gut. Vorratsdünger in Form von Mist wird im Herbst untergegraben, und Hornspäne im Februar (60 g/m²) werden ebenfalls gut vertragen. Alte Komposterde zum Abdecken der Pflanzkartoffeln ist auch gut. Niemals Dünger, auch keinen Naturdünger, direkt in das Pflanzloch geben.

KARTOFFELN ANHÄUFELN

Auch im Mai darf man die Kartoffeln nicht außer Acht lassen. Während der Landwirt seine Kartoffeln schon fertig angehäufelt hat, wird der Hobbygärtner immer noch leicht die Triebe bedecken können. Die Kartoffeln immer wieder anhäufeln, wenn die Triebe sich zeigen. Erst am 15. Mai, nach den Eisheiligen, kann man mit dem Anhäufeln aufhören. Meist sind dann auch die Dämme schon so hoch, dass keine Erde mehr zur Verfügung steht. Jetzt werden hohe Tagetes in die entstandenen Furchen gepflanzt, sie haben eine gute Wirkung gegen die Kartoffelnematoden.

SELLERIE OHNE SCHUSS

Selleriepflanzen sollten immer zugekauft werden, da man sich nicht sicher sein kann, ob sie beim Anziehen im Frühbeet nicht doch etwas Frost abbekommen haben.

Wenn dies der Fall ist, „schießen" sie. Der Sellerie soll nicht tiefer gepflanzt werden, als er stand, da sonst nur kleine Knollen geerntet werden. Pflanzen kann man den Sellerie im Mai zwischen Salat und Kohlrabi. Am Anfang braucht er noch nicht so viel Platz. Wenn er dann Platz benötigt, sind der Salat und Kohlrabi schon geerntet.

Vom Topf in die Erde. Tagetes sind nützliche Pflanzen und helfen im Gemüsebeet der Bodengesundung.

Was Großvater noch wusste

Viele Gartenfreunde möchten am Sitzplatz vor Einsicht geschützt sein. Stangen-Bohnen sind als Sichtschutz schöner anzusehen als Holzflechtwände. Holzgestelle sind meist hässlich, können auch bei Kleingärten gegen die Gartenordnung verstoßen. Mit Feuer-Bohnen hat man auch keine Grenz- bzw. Nachbarschaftsprobleme.

Grün-Spargel macht weniger Arbeit, ist gesünder und schmeckt besser.

GEMÜSE AUF VORRAT

Im Salatbeet können im Mai schon einige kleine Köpfe geerntet werden, die dazwischen gesäten Radieschen ebenfalls. Die entstandenen Lücken werden mit anderen Gemüsepflanzen geschlossen. Man sollte immer einige Pflanzen (Kohlrabi, Blumenkohl und Salat) in Töpfen als Vorrat an einen schattigen Platz stellen. Salat sollte man immer in Sätzen im Abstand von 14 Tagen aussäen. Dabei werden nur wenige Samenkörner genommen, da man nicht so viele Pflanzen auf einmal benötigt. Ab Ende Mai folgen die Sommersorten. Die Auswahl ist sehr groß, man muss auf der Samenpackung den Aussaattermin beachten, damit die Pflanzen nicht „schießen", dasselbe gilt für Radieschen. Wer gern Spinat im Sommer haben möchte, der nimmt „Neuseeländer Spinat", es reichen zwei Pflanzen für die ganze Familie.

SPARGEL FÜR DEN GARTEN

Im Hobbygarten lohnt sich Spargel immer, einmal finanziell und wenn man alt wird, macht er sehr wenig und nur leichte Arbeit. Für den Bleich-Spargel braucht man wegen der Dämme Sandboden, der selten so locker im Garten zu haben ist. Deshalb wird Bleich-Spargel wenig im Hobbygarten angebaut. Anders der Grün-Spargel, dieser gedeiht besser auf schweren Böden. Man kann ihn aber erst im dritten Jahr ernten. Der Boden wird im Herbst gut mit Mist versorgt. Im Mai pflanzt man in Reihen mit einem Meter Abstand die jungen Pflanzen 50 cm auseinander. Für die Reihen wird ein Graben von 20 cm Tiefe geschaufelt. Im Abstand von 50 cm macht man kleine Hügel (10 cm hoch) darauf werden die Pflanzen ausgelegt und mit Erde bedeckt. Unkrautfrei halten in den nächsten zwei Jahren. Im dritten

Mischkultur ist wichtig, um Schädlinge fern zu halten. Sie hat eine Barrierewirkung.

Jahr kann man die dicken grünen Stangen ernten. Dabei nicht zu tief stechen, um den Wurzelstock nicht zu verletzen. Am 24. Juni ist Schluss mit der Ernte, damit die Pflanze sich für nächstes Jahr kräftigen kann. Das Spargelkraut wird geschont. Erst im November wird das Kraut dicht an der Erde abgeschnitten und verbrannt.

LÜCKENFÜLLER

Die Lücken im Gemüsebeet, die durch Ernten von Salat und Radieschen entstehen, werden gleich wieder mit anderen Gemüsearten geschlossen, z. B. kann man Blumenkohl, Weißkohl oder Porree für die Herbsternte pflanzen. Es schadet auch nicht, wenn man die Lücken mit Tagetes oder Ringelblumen bepflanzt. Dies sieht nicht nur gut aus, sondern hilft auch zu einer Verbesserung des Bodens und Abwehr von Schädlingen.

Unter diesem Tunnel ist unser Gemüse sicher. Das Kulturschutznetz hält Schadinsekten fern.

Was Großvater noch wusste

Schon immer sehnten sich die Menschen im Frühjahr nach etwas frischem Gemüse. Heizungen im Frühbeet waren sehr umständlich und auch teuer. Dazu musste der Gärtner auch nachts aufstehen und Kohlen nachlegen. Im Hobbygarten war das ganz unmöglich. Aber die Natur hält für uns eine natürliche Heizquelle bereit: den Pferdemist. Damit kann man die Haushaltskasse um bis zu 40 % entlasten. Mist ist also eine noch bessere Sparkasse, denn frühe Gemüse kosten im Laden sehr viel.

SAATGEMÜSE VEREINZELN

Saatgemüse, wie Möhren, Pastinaken und Wurzelpetersilie, müssen im Mai vereinzelt werden. Wer Möhren verzieht, sollte auf jeden Fall die kleinen Löcher verschließen, die beim Herausziehen an der Möhre entstehen, weil diese gern von der Möhrenfliege zur Eiablage genutzt werden. Möhren ohne Würmer kann man nur ganz oben auf einem Hügelbeet erreichen, weil hier die Eier der Möhrenfliege vertrocknen. Gemüsefliegennetze sind noch sicherer.

Mischkulturen muss man im eigenen Garten, abhängig vom Standort, selbst ausprobieren.

Sommerblumen dienen bei der Mischkultur der Schönheit und dem Bodenleben.

Tomaten müssen mit ausreichend Abstand kultiviert werden, damit man lange Freude daran hat.

PFLANZEN IN GUTER NACHBARSCHAFT

Die weniger empfindlichen Gemüsearten, wie Salat und Kohlrabi, müssen schon Anfang des Monats ihren Platz einnehmen, natürlich in Mischkultur. Die Mischkultur ersetzt die Fruchtfolge weitgehend. Um Bodenmüdigkeit und Unverträglichkeit auszuschalten, ist es im Erwerbsgartenbau üblich, eine Fruchtfolge streng einzuhalten. Tabellen für den Hobbygarten hinken immer ziemlich. Man wird sehr schnell feststellen, dass sie im eigenen Garten oft nicht funktionieren. Wichtig ist, dass man Pflanzen der gleichen Familie nicht zusammen anbaut. Bei der Mischkultur ist dies gut möglich, weil man den Abstand mit einer anderen Pflanzenfamilie einhalten kann. Eine einfache Möglichkeit für Anfänger ist es, sich kundig zu machen, welche Pflanzen zu welcher Familie gehören. Bei Kohlarten ist dies einfach, weil sie im Namen meist Kohl mit aufführen. Aber aufgepasst: Kohlarten gehören zur Familie der Kreuzblütler. Dazu zählen auch Raps, Senf, Rübsen, Radieschen, Rettiche sowie Unkräuter wie das Kreuzkraut. Durch Verseuchung des Bodens mit Kohlhernie, das sind die dicken Knollen an der Wurzel, darf man auch zur Gründüngung keine Kreuzblütler verwenden. Gut ist es immer, wenn man Salate mit einbringt. Auch hilft es dem Bodenleben, wenn zwischendurch Erdbeeren oder Kartoffeln angebaut werden. Ein weiterer Vorteil der Mischkultur ist, dass die Wurzeln unterschiedlich tief wurzeln und die Pflanzen unterschiedliche Nährstoffe benötigen sowie gleichzeitig andere Stoffe ausscheiden. Man sieht sehr bald, wie die Pflanzen im eigenen Garten reagieren.

STARKER SPINAT

Wer seinen Spinat nicht ganz aufgegessen hat und ihn auch nicht einfrieren will, sollte ihn, sobald er im Mai in Blüte geht, herausziehen und als Mulchschicht zwischen den Reihen liegen lassen. Er verrottet sehr schnell und behindert die anderen Pflanzen nicht. Da Spinat einer ganz anderen Pflanzenfamilie angehört als die meisten Gemüsearten, dient er auch zum Fruchtwechsel. Er geht sehr tief mit seinen feinen Wurzeln und hat sehr positive Ausscheidungen für die anderen Pflanzen. Abfälle der Gemüsepflanzen verbleiben auf dem Beet als Mulchschicht.

Die Abfälle der Pflanzen können im Gemüsebeet bleiben, sie dienen als organischer Mulch.

KULTURSCHUTZNETZE

Der Traum eines Hobbygärtners ist, Möhren und Rettiche ohne Würmer und Porree ohne die Lauchmotte anzuziehen. Hier helfen nur Kulturschutznetze. Das sind die feinen Netze mit ca. 2 mm Maschenweite. Da diese viele Jahre verwendet werden können, ist die Anschaffung zu überlegen. Wichtig ist, dass das Netz dicht auf dem Boden aufliegt. Es empfiehlt sich, die Netzränder einzugraben. Will man darunter einmal das Beet lockern oder Unkraut jäten, so muss das in den frühen Morgenstunden geschehen, wenn die Fliegen noch nicht unterwegs sind.

Was Großvater noch wusste

Tomaten, die man im Freien pflanzen will, sollten, außer dass man etwas unempfindlichere Sorten wählt die es zu kaufen gibt, auch einen Abstand von einem Meter haben, damit sie im Wind besser abtrocknen können.

Ein guter Platz für Kräuter

Im Kräuterbeet ist Aufbruchstimmung. Zu breit wuchernde Kräuter werden geteilt.
Endlich kommt man dazu auch einige neue anzupflanzen. Natürlich erbittet man die
meisten beim Nachbarn, kaufen kann schließlich jeder. Einjährige nicht vergessen.

DIE KRÄUTER KOMMEN INS BEET

Die einjährigen Kräuter, wie Basilikum, Bohnenkraut, Borretsch, Majoran, werden im März im Frühbeetkasten ausgesät. Rechtzeitig pikieren! Das heißt, wenn die Keimblätter voll entwickelt sind oder bei feinen Kräutern die 3. oder 4. Blätter vorhanden sind. Beim Basilikum geschieht dies schon nach drei Wochen, die anderen Kräuter brauchen meist fünf bis sechs Wochen. Späteres Eintopfen verbessert erheblich die Pflanzenqualität.

Gleich ins Freiland kommen Dill, Garten-Kresse und Kerbel in Folgesaaten. Dill wird breitwürfig fast überall im Gemüsegarten ausgestreut und leicht mit etwas Erde überdeckt (eingegrubbert). Bei den Pflanzen, die es überleben, sie werden oft von der Dillwelke vernichtet, lässt man einige stehen, bis sie von selbst die Samen ausstreuen. Diese werden im nächsten Jahr oft als Pflanzen widerstandsfähiger. Kerbel und Kresse am besten in einer Reihensaat im Abstand von 15 bis 20 cm pflanzen, man kann sie dann besser sauber halten.

Im eigentlichen Kräuterbeet mit mehrjährigen Kräutern füllt man die Lücken mit einjährigen Kräutern, wie Basilikum, Petersilie, Dill, Kerbel, Majoran und Bohnenkraut, wenn sie nach den Eisheiligen dann abgehärtet sind. Wer im Herbst nicht dazu gekommen ist, große Pflanzen zu teilen, kann das jetzt auch noch tun. Ein Austausch mit den Nachbarn ist immer vorteilhaft.

GEDULD MIT DER PETERSILIE

Petersilie gerät bei manchen Gartenfreunden nur schlecht. Ursache sind die Petersilienwelke oder Wurzelläuse. Petersilie darf nur alle sieben Jahre auf den gleichen Platz. Natürlich nützt der neue Platz nichts, wenn man mit Kompost düngt, auf dem auch kranke Petersilie war. Es gibt einfache Mittel, um trotzdem gesunde Petersilie zu bekommen. Man kann die Saatrille, bevor man aussät mit kochendem Wasser ausgießen. Man kann aber auch eine etwas tiefere Rille ziehen und diese mit Kaffeesatz füllen und darauf die Aussaat vornehmen. Meine Petersilie säe ich im März in keimfreier,

Die Minzen in ihrer Vielfalt dürfen in keinem Kräutergarten fehlen.

So soll Petersilie aussehen. Die krausen Sorten schmücken, die glatten sind gesünder.

d.h. gekaufter Erde in kleinen Töpfen aus. Wenn sie etwa 5 cm hoch ist, pflanze ich sie irgendwo im Garten aus. Es stört gar nicht, wenn sie ein Jahr im Rosenbeet und das andere Jahr in der Rabatte oder im Stauden-beet steht. So finde ich immer wieder einen Platz, an dem noch keine Petersilie gestan-den hat. Natürlich säe ich im Juli noch ein-mal Petersilie aus. Diese entwickelt sich im zweiten Jahr sehr prächtig.

Was Großvater noch wusste

Eine kleine Ecke sollte immer für Kräuter bereit sein. Gerade die Kräuter mit ihren Reiz- und Heilstoffen tragen viel zur Gesundheit bei. Das duftende Basili-kum ist nicht nur eine Verbesserung für Salate. Auch ein kleiner Zweig, in den Blumenstrauß gebun-den, bringt eine ganz unerwartete Duftbereicherung. Basilikum beeinflusst das Wachstum. Neben Tomaten gepflanzt hat es auf diese eine positive Wirkung. Die Kamille (siehe Abb.) fördert mit ihrem Geruch alle Gemüsearten. Daher sät man sie an den Wegrand, damit man beim Vorbeigehen immer wieder einmal auf sie tritt und sich am Duft erfreut.

Die pflegende Hand im Obstgarten

Im Frühjahr noch schnell ein Blick zum Obstgarten. Hat man etwas vergessen?
Halten die Befestigungen noch, sind vom Wintersturm noch gebrochene Äste vorhanden?
Zeigen sich schon Schädiger? Packen wir's an!

GUTER STAND FÜR BEERENSTRÄUCHER

Besonders bei den Hochstämmen der Beerensträucher müssen im April die Pfähle und Bindungen kontrolliert werden. Sobald sich an den Sträuchern kleine Früchte gebildet haben, nimmt die Krone erheblich an Gewicht zu. Ist der Stamm dann nicht richtig abgestützt, besteht die Gefahr, dass die Krone abbricht.

Himbeeren und Brombeeren müssen auch unbedingt gemulcht werden, da sie als Waldrandpflanzen an eine Streuschicht gewöhnt sind. Zusätzlich werden sie durch das Mulchen widerstandsfähiger. Hat man lockeres Material wie Laub oder Holzhäcksel, kann eine Mulchschicht 5 bis 10 cm hoch sein. Mulcht man mit Grasschnitt, so sollte dieser höchstens 2 cm hoch sein, sonst entsteht eine Silage, die den Austausch der Bodenluft verhindert. Mulchschichten müssen bei Bedarf immer erneuert werden. Auf keinen Fall im Garten Rindenmulch einsetzen. Rinde gehört in den Wald an die Bäume, aber nicht in den Garten.

WEIN IM EIGENEN GARTEN

Der Wonnemonat Mai bringt viel Arbeit, aber es ist auch eine Freude zu sehen, wie alles voller Kraft austreibt und blüht. Jetzt ist die richtige Zeit, eine Weinrebe zu pflan-

Fest an einen Eisenstab gebunden bricht der Strauch trotz Bewegung nicht.

zen. Die Veredelung muss beim Pflanzen aus der Erde gucken. Nehmen Sie eine Sorte, die unempfindlich gegen Pilzkrankheiten ist und früh reif wird. Späte Sorten schmecken leicht sauer. Immer mehr Sorten braucht man nicht zu spritzen. Bewährt haben sich die guten Sorten Phönix (weiß) und Regent (rot).

FRÜHJAHRSPFLEGE IM OBSTGARTEN

Im Obstgarten sollte im März schon alle Arbeit erledigt sein. Bei Schnittmaßnahmen sind oft die Knospen der Obstbäume schon durch den Aufstieg des Saftes spröde geworden, sodass man zu viel abbricht. Allerdings treiben die Bäume nicht so stark aus, wenn sie Anfang März geschnitten werden, wie wenn man dies im Herbst tut. Im März lassen sich noch Obstbaumkrebswunden mit Propolis behandeln (siehe Baumschnitt auf Seite 121).

Bei den Johannisbeeren kann man die auffälligen Rundknospen ausbrechen. Darin befinden sich die Johannisbeergallmücken.

Alle Beerensträucher, außer den Heidelbeeren, werden Ende des Monats gemulcht. Nicht vorher mulchen, damit sich der Boden schneller erwärmt. Eine Dauermulchschicht wird mit einem kleinen Kultivator etwas gelockert.

GESUNDE PFIRSICHBÄUME

Pfirsichbäume werden erst während der Blütezeit geschnitten. Dann ist gut sichtbar, welche Zweige im Sommer Früchte tragen.

Mulchschichten sind für viele Beerensträucher lebensnotwendig.

Bei Kräuselkrankheit am Pfirsich einfach die befallenen Blätter abpflücken.

Zweige, die nur schwach entwickelte Blüten (Scheinblüten) haben, werden entfernt. Auch Zweige, die nur Blüten angesetzt haben und keine Blatttriebe zeigen, werden ausgeschnitten. Diese können später die Früchte nicht ernähren. Sollten sich die Blätter am Pfirsich kräuseln und rötlich verfärben (Kräuselkrankheit), werden sie abgepflückt. Die zweite Generation der Blätter entwickelt sich dann normal.

Hände weg von Austriebsspritzungen

Von einer Austriebsspritzung im Hobbygarten ist auf jeden Fall abzuraten. Austriebsspritzungen sind Pflanzenschutzmaßnahmen, bei denen man die überwinternden Schädlinge erreichen und unschädlich machen will. Selbst Spritzungen mit Ölen sind Unsinn, denn das Öl gerät letztendlich in den Boden. Mit Fett, dazu gehört auch Öl, wird das Bodenleben sehr schlecht fertig. Sollte die Austriebsspritzung wirklich genau und intensiv durchgeführt werden, erwischt man zwar jeden Schädling, aber auch alle Nützlinge. Wenn die Zeit der Läuse kommt, weht der Wind und die Ameisen bringen die Läuse genau so schnell vom Nachbarn, als wären sie im eigenen Garten nicht vernichtet worden. Die Nützlinge aber bleiben beim Nachbarn, so lange, wie sie

Kleine Nützlinge.

da Nahrung finden. Die eigenen Nützlinge hat man bei der vorbeugenden Spritzung getötet. Ein vorbeugender Pflanzenschutz ist hier ein vollendeter Unsinn. Besser ist es, Laub liegen zu lassen, um Nützlingsunterschlüpfe zu schaffen und eine Vielfalt an Blütenstauden zu erreichen, um den Nützlingen Nahrung zu bieten.

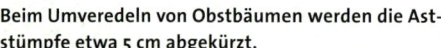

Beim Umveredeln von Obstbäumen werden die Aststümpfe etwa 5 cm abgekürzt.

Genau hin sehen und Cambium auf Cambium setzen, damit es auch wirklich anwächst.

NEUER GESCHMACK DURCH UMVEREDELN

Wer neue Obstsorten aufpfropfen will, sollte im April daran denken. Es ist jetzt Zeit für die Umveredlung des alten Baumes. Die alten Aststümpfe werden etwa 5 cm nachgeschnitten. Die Reiser werden aus der Erde geholt. Mit einem scharfen Messer wird in die Rinde der Stümpfe ein etwa 4 cm langer Schnitt gemacht. Die Rinde wird vorsichtig an beiden Seiten etwas angehoben. In den Spalt schiebt man nun das schräg geschnittene Edelreis, mit der Schnittfläche zum Baum. Die Cambiumschichten müssen sich berühren. Cambium ist die teilungsfähige Zellschicht zwischen der Rinde und dem Holz. Nun wird mit Bast die Veredlungsstelle straff umwickelt. Das Edelreis sollte nur zwei Augen (Knospen) haben. Alle freien Stellen, auch die kleine Schnittstelle am Edelreis, werden mit Baumwachs bestrichen. Das geht wesentlich leichter, wenn man das Wachs etwas anwärmt. Damit die Vögel die Reiser nicht abbrechen, bindet man einen Bogen aus biegsamen Zweigen darüber. Je nach Stärke des alten Astes kann man mehrere Edelreiser im Abstand von 15 cm aufsetzen.

Achtung! Einen trockenen Tag aussuchen. Erfahrungsgemäß wachsen die Reiser, an feuchten Tagen veredelt, nicht besonders gut an. Ansonsten ist jeder Tag genau so gut wie der andere. Der Aberglauben von Mond, Sterne, Ebbe und Flut hat nach meiner Erfahrung im Garten nichts zu sagen.

Wer im Januar keine Reiser gesichert hat, sollte jetzt die Bäume danach absuchen.

NICHT AUF DEN LEIM GEHEN

Es ist jetzt höchste Zeit, die Leimringe an den Obstbäumen zu entfernen. Die Leimringe werden abgemacht oder mit neuem Leim gegen die Ameisen versehen. Die Ameisen sind auch an Obstbäumen ungeladenen Gäste, denn sie befördern und pflegen die Blattläuse. Sie bekämpfen sogar die Blattlausfeinde. Ein Wellpappegürtel zum Fangen von Schädlingen hilft. Er erfordert aber gute Kenntnisse über die Nützlinge, da man diese aussortieren muss, sonst bringt man sie mit um. Diese Gürtel werden alle paar Wochen auf Schädlinge kontrolliert und dann verbrannt. Es schadet nicht, sich mit dem Thema genauer zu beschäftigen und sich dazu ein Buch zu kaufen. Denn nur wer genaue Kenntnisse über beide hat, kann sie auseinanderhalten und ist sicher, dass er nicht aus Versehen einen der „Guten" umgebracht hat.

Was Großvater noch wusste

Unbedingt die Ameisen von den Bäumen fernhalten, sie bringen und schützen die Blattläuse. An blutlausempfindliche Apfelbäume wird Kapuzinerkresse gepflanzt; der Geruch vertreibt die Blutläuse. Probieren Sie es einfach mal aus.

Apfelwicklerfallen – es gibt sie in unterschiedlichen Ausführungen für den Hobbygärtner.

APFELWICKLER VERWIRREN

Ende Mai muss man auf Gespinste der Schädlinge achten. Am besten sofort auspflücken. Die Lockstofffallen für Apfel- und Pflaumenwickler werden Ende des Monats aufgehängt. Dafür sind kleine Plastikhäuschen vorgesehen. In diese kommen eine

Leimtafel und der Lockstoff. Achtung! Der Lockstoff muss nach sechs Wochen erneuert werden. Die Falle zeigt nur an, wie viele Männchen unterwegs sind. Der Erwerbsgärtner kann daraus ablesen, wann er spritzen muss. Im Hobbygarten ist die Bekämpfung durch Lockstofffallen nur möglich, wenn so viele aufgehängt werden, dass der Schädling verwirrt wird. Die Männchen glauben nämlich, dass sie von Weibchen umzingelt sind und treten die Flucht an. Diese Maßnahme ist allerdings sehr teuer.

STACHELBEERBLATT-WESPE ABSCHÜTTELN

Die Stachelbeerblattwespe muss beobachtet werden. Schon zu Beginn des Befalls, meist im Mai, die Pflanzen über einem Tuch kräftig schütteln und die herunterfallenden Raupen vernichten. Dazu werden die Raupen entweder mit dem Tuch verbrannt oder zerquetscht.

AUSLICHTEN HILFT WEITER

Viele Schädlinge lassen sich absuchen oder durch Fallen einfangen. Auch Gespinste müssen vernichtet werden. Besonders wichtig ist es, dass die Bäume und Sträucher vom Wind durchstreift werden können. Dadurch gibt es weniger Pilzkrankheiten und auch die Vögel suchen lieber Schädlinge an einem Baum der so licht ist, dass sie ihre Feinde rechtzeitig erkennen. In einem dichten Baum ruhen sich die Vögel aus und singen ihr Lied, fressen aber nicht.

Gartenpraxis im *Mai*

Meist ist Mitte Mai noch mit ein, zwei **Nachtfrösten** (Eisheilige) zu rechnen. Daher Vorsicht beim **Auspflanzen** von frostempfindlichen Pflanzen. Tagetes, Fleißige Lieschen, vorgetriebene Dahlien und Canna dürfen erst nach dem 15. Mai ausgepflanzt werden. Abhärten nicht vergessen!

Anfang Mai darf mit dem **Rasenmähen** begonnen werden. **Rhododendron** und Azaleen dürfen noch zurückgeschnitten werden. **Kartoffeln** müssen noch bis zum 15. Mai angehäufelt werden. **Gemüsebeete** regelmäßig lockern. **Tomaten** werden nach den Eisheiligen gepflanzt. Sie schützt man am besten von Anfang an vor Regen, denn nur auf feuchten Blättern verbreiten sich die

Pilzkrankheiten. Wird im Sommer **Salat** ausgesät, empfiehlt es sich, dies erst am Abend zu erledigen, da der Salat es in den ersten Stunden nicht so warm haben will! Bei den frisch gepflanzten Gemüsepflanzen, besonders bei Kürbis und Zucchini, muss etwas gegen die **Schnecken** (siehe Abb. links) unternommen werden. **Maulwürfe** und **Ameisen** (siehe Abb. oben) sind ebenfalls ungeladene Gäste, die auf natürliche Weise aus dem Garten entfernt werden müssen. Im **Folientunnel** muss für ausreichend Schattierung und Durchlüftung gesorgt werden. Der rechtzeitige Einsatz von Kulturschutznetzen hält wirksam Schadinsekten fern. **Weinreben** können im Obstgarten angepflanzt werden. Der Obstgarten ist auf Befall von **Apfelwicklern** und **Stachelbeerwespen** zu kontrollieren.

Sommer

Auf den Sommer im Garten freuen sich alle Gartenfreunde. Die Wetterregeln von früher kommen heute nicht mehr so recht zur Geltung. Dabei sollte man die alten Bauernregeln nicht ganz verachten. Schöne Tage zum Feiern im Garten gibt es bestimmt.

Alles unter Kontrolle

Sommer, Sonne, Ferienzeit. Zeit für Besuche im Garten und Grilleinladungen. Feste feiern wie sie fallen. Das ist Garten. Aber etwas Arbeit gibt es doch noch. Ist im Garten etwas gut geraten: Neid sieht nur das Blumenbeet, aber nicht den Spaten.

Was Großvater noch wusste

Pflanzen brauchen abends das Wasser, weil sie über Nacht ihre Assimilate aus den Blättern in der ganzen Pflanze verteilen müssen. Können sie dies infolge von Trockenheit nicht, können sie am nächsten Tag nicht neue Assimilate erzeugen. Die Pflanze wächst also nicht weiter. Sind die Blätter aber abends nass und bleiben es auch in der Nacht, dann können die Pilzkrankheiten sich ausbreiten. Also morgens früh aufstehen, genügend gießen, sodass der Boden abends noch nass ist.
Immer kann man das nicht einrichten, versuchen sollte man es.

DIE OPTIMALE WASSERVERSORGUNG

Im Sommer gibt es mit der Wasserversorgung der Pflanzen oft Schwierigkeiten. Die Pflanzen stehen teilweise so dicht, dass es unmöglich ist, zu erkennen, ob der Boden trocken ist. Bei empfindlichen Pflanzen kann man den Schlauch zwischen die Reihen legen, damit die Blätter nicht nass werden. Wer seinen Urlaub nicht im Garten verbringt, sollte auf jeden Fall einen Nachbarn bitten, seinen Garten immer den Witterungsverhältnissen entsprechend mit Wasser zu versorgen. Wichtig ist vor allem, den Boden immer locker zu halten. Dadurch kann nicht soviel Wasser verdunsten. „Der Gärtner gießt mit der Hacke" ist ein uralter aber bewährter Sinnspruch.

WILDKRAUT, BEIKRAUT ODER UNKRAUT?

Als alter Gärtner mache ich den Unsinn mit „Wildkraut" oder „Beikräutern" nicht mit. Für mich ist alles Unkraut, was an einer Stelle wächst, an der ich es nicht haben

Was Großvater noch wusste

Hat das mit dem Grubbern nicht so geklappt, so lasse ich das Unkraut so groß werden, dass ich es bequem anfassen kann, denn Kompost braucht man natürlich auch. Die Vogelmiere (siehe Abb.) liebe ich besonders, denn sie bedeckt den Boden (Mulcheffekt) und überwuchert keine Kulturpflanzen. Zieht man sie dann doch einmal heraus, so hat man mit einem Griff gleich einen halben Quadratmeter sauber. Natürlich darf das Unkraut nie eine Kulturpflanze unterdrücken.

Wer keinen Grubber hat, kann sich bei Arbeiten im Gemüsebeet auch mit einem Karst behelfen.

Ein beliebter Gießfehler unter Gärtnern: Das Wasser platscht, also schnell den Brausekopf umdrehen.

will. Gerät beispielsweise ein Kohlrabi in das Rosenbeet, ist er dort das Unkraut. Das ganze moderne Gerede über Unkraut, Beikraut oder Wildkraut entfernt nicht eine einzige Unkrautpflanze. Natürlich gerate ich nicht in Panik wegen einer unerwünschten Pflanze.

KLEINE TRÄNKE FÜR BIENEN

Wer etwas für die Bienen tun will, richtet im Juni eine Bienentränke ein. Diese kann mit einem Brett, auf das ab und zu ein Wassertropfen fällt, oder einem flachen Stein am Teichufer leicht und einfach selbst gebaut werden. Ebenfalls hilft ein kleines Brett, das in der Regentonne schwimmt. Auch andere Insekten nehmen die Hilfe gerne an und warten bis sie trocken sind.

Erst die Arbeit, dann der Liegestuhl

Im Juni ist noch nicht richtig Sommer, jedenfalls oft noch nicht die beste Liegestuhlzeit. Ehe man diesen im Garten herausholt und aufstellt, sollt man sich immer fünf Minuten Zeit lassen, um zu sehen, was im Garten los ist. Am meisten ärgert man sich, wenn die Pilzkrankheiten um sich greifen. Hier hilft nur überlegen und vorbeugen, bevor der Schaden da ist. Vom Liegestuhl aus kann man den Schaden vielleicht gut sehen, aber nicht vorbeugen.

Mit einem kleinen Kultivator lockert man schnell, auch bei wenig Abstand, den Boden.

Der Hauptdruck der Pflanzarbeiten ist im Juni vorbei, aber wer nicht sofort aufpasst, hat es den ganzen Sommer schwer mit dem Unkraut. Dieses kann man sehr gut schon im Keim ersticken. Man nimmt einen kleinen Kultivator und lockert den Boden überall dort, wo er zu sehen ist, auf. Dabei drehen sich die Samenkörner des Unkrautes und werden in ihrem Keimvorgang gestört. Das Grubbern dauert nur einen Bruchteil der Zeit, die man später zum Hacken oder gar zur Unkrautbekämpfung benötigt. Immer, wenn der Boden durch Umgraben, Pflanzen oder mit dem Kultivator bewegt wurde, geraten Samen des Unkrautes in eine Schicht, in der sie in Keimstimmung kommen. Wer so richtig mit wenig Arbeit das Unkraut in den Griff bekommen will, der sollte nach 14 Tagen kontrollieren und eventuell wieder grubbern.

Hilfe bei Läusen

Die Läuse plagen einen besonders, wenn man im Herbst das Laub weggeharkt hat. Mit dem Laub hat man auch viele kleine Helfer, die Nützlinge, beseitigt. Diese finden im Laub Unterschlupf und können sich dort vermehren. Die beste vorbeugende Maßnahme ist deshalb, das Laub liegen zu lassen. Ansonsten muss man die Läuse selbst bekämpfen. Bei Bäumen reicht es meist aus, wenn die Tiere mit einem kalten Wasserstrahl gestört werden. Bei Dahlien oder anderen Pflanzen kann man sie auch mit den Fingern abstreifen. Seifenspritzungen sind oft wirkungslos, aber immer schädlich für die Pflanzen. Noch dümmer ist es, mit einem Sud aus Zigaretten – oder Zigarrenkippen – zu spritzen. Das enthaltene Nikotin ist das schwerste Gift, welches man im Gartenbau verwendet. Es wird milligrammweise abgewogen. Seit neuestem ist es in der EU verboten. Unkontrollierte Mengen davon auszubringen ist sehr gefährlich.

Was Großvater noch wusste

Wer von seinen Pflanzen selber Samen ernten möchte, muss aufpassen, dass er immer Pflanzen auswählt, die gut entwickelt sind und sortenecht aussehen. Die Samen aus eigener Ernte fallen oft in ihre Vater- und Mutterlinien zurück. Besonders auffällig ist dies beim Kürbis, da bringen die Insekten anderen Pollen, der natürlich auch andere Gene hat. Auf den Samen-packungen steht oft, wenn die Sorte geschützt ist. Diese darf man nicht für Fremde vermehren.

Gartenpraxis im *Juni*

Zweijahresblumen (Bartnelken, Goldlack, Stiefmütterchen etc.) werden jetzt ausge-sät. Aussaatbeete oder -kisten müssen vor Schneckenfraß geschützt werden. **Hecken** können ab dem 24. Juni geschnitten werden. Auch die **Staudenstecklinge** werden im Juni geschnitten. Von Topf- und Kübelpflan-zen ist in regelmäßigen Abständen **Ver-blühtes** zu entfernen. **Tomaten** müssen regelmäßig ausgebrochen werden, dies geschieht bis in den August hinein. Unkraut immer im Auge behalten, dieses kann gut mit dem Grubber entfernt werden. Ebenso können jetzt **Läuse** zur Plage werden. Bei den **Frühkartoffeln** kann man ab Mitte des Monats vorsichtig nach großen Kartoffeln suchen. Die anderen Knollen können noch weiter wachsen. Das Saatgut vom **Herbst-gemüse** kommt in die Erde. Nach dem 24. Juni darf kein **Spargel** mehr gestochen werden. **Braunfäule** kann uns an Kartoffeln und Tomaten das Gartenleben erschwe-

ren. Sofortiges Ernten bei Kartoffeln und Überdachen bei Tomaten schafft schnelle Abhilfe. Bei **Obstbäumen** wird regulierend in Astaufbau und Fruchtbesatz eingegriffen. Beim Setzen der **Wasserpflanzen** beach-ten, dass sich viele Arten rasch ausbreiten und der Teich dann überfrachtet ist. Lassen die Pflanzen sich nicht im Teichgrund einbet-ten, so beschwert man sie mit einem Stein. Entfernt man Pflanzen und Algen aus dem **Teich**, immer erst ein wenig am Teichrand liegen lassen, wegen der Kleinlebewesen.

So blüht der Ziergarten auf

Im Ziergarten ist die Freude im Sommer groß. Sie kann noch größer werden und noch länger anhalten, wenn man alles Verblühte vorsichtig abschneidet und die Pflanzen am Samenbilden hindert. Viele neue Blüten begleiten uns dann den Sommer über.

HECKEN IN TRAPEZFORM

Ab dem 24. Juni (Johanni) findet der erste Schnitt der Formhecken statt. Die Hecken werden trapezförmig geschnitten. Nach Johanni lässt der starke Trieb der Pflanzen nach und die Hecke sieht dann im Sommer nicht so stoppelig aus. Vor dem Schneiden kontrolliert man die Hecken, um herauszufinden, ob sich noch brütende Vögel darin aufhalten. Ist dies der Fall, muss man selbstverständlich mit dem Schnitt warten, bis das Brutgeschäft beendet ist. Es ist ganz wichtig, dass man die Hecken nicht vor Johanni schneidet, da sie dann zu früh wieder austreiben und man mehrmals schneiden muss. Um Johanni herum stoppt die Natur, dann wächst erst einmal Nichts mehr.

NATUR- ODER BLUMEN-WIESE IM EIGENEN GARTEN

Manche Gartenfreunde wollen eine Naturwiese oder gar eine Blumenwiese anlegen. Wer eine Blumenwiese haben will, wie die

Bergweiden im Allgäu, muss seinen Garten zum Allgäu schaffen, denn es kommen am Ende immer die Pflanzen zur Geltung, die in der unmittelbaren Nachbarschaft wachsen. Die in der umliegenden Natur vorhandenen Wildpflanzen setzen sich durch und ersticken die angesäte Blumenwiese. Um eine schöne Blumenwiese zu bekommen, kann man sich etwas helfen, indem man Stauden (Margariten, Glockenblumen) dazwischenpflanzt. Im Garten eine Naturwiese anzulegen ist leichter. Man lässt zuerst das Gras höher werden. Nach einigen Jahren stellen sich die Wildpflanzen der Umgebung von allein ein. Bei beiden Wiesen muss man den Boden mit Sand abmagern und darf auf keinen Fall düngen. Naturwiesen werden im Juli das erste Mal geschnitten. Die meisten Gräser und Kräuter haben Samen angesetzt, deshalb sollte man das Verwehen zum Nachbarn vermeiden. Es ist wichtig, dass man die Balance zwischen Samenbildung und Ausbreitung der Pflanze hält. Wird vor der Blüte gemäht, bleibt nur über, was mehrjährig ist. Nach dem Schnitt kann die Wiese noch etwas bunter gestaltet werden, indem man

Stauden pflanzt oder noch zusätzliche Blumen aussät. Auf keinen Fall sollte man sie düngen. Damit keine Verbrennungsschäden entstehen, sollte der Rasen nach jedem Schnitt sofort gewässert werden.

BAUMSCHEIBE IN RICHTIGER GRÖSSE

Manche Gartenfreunde haben wunderschöne Baumscheiben. Oft sind diese von Steinen oder einer gestochenen Rasenkante umrandet. Rasenkanten dienen nur dazu, die eigene Frau zu quälen, weil sie immer auf den Knien die Gräser an den Kanten schneiden muss. Eine Baumscheibe, die kleiner angelegt wird, als der Durchmesser der Baumkrone beträgt, ist völlig sinnlos. Unmittelbar am Baumstamm befinden sich nur die ganz dicken Wurzeln, die für den Baum nichts aufnehmen können. Die Baumwurzeln, die das Wasser mit den Nährsalzen aufnehmen, befinden sich im Bereich der Kronentraufe. Die Kronentraufe ist dort, wo das Wasser an der Krone heruntertropft, also meist mehrere Meter von der Baummitte entfernt. Hier sollte auch, wenn nötig, gedüngt werden. Mit einem Spaten sticht man in die Erde und wackelt etwas nach vorne oder hinten, in den entstandenen Spalt füllt man dann Dünger. Wichtig ist, vorher festzustellen, was an Nährstoffen fehlt. Auch bei Obstbäumen sollte man immer nur düngen, wenn vorher eine Bodenprobe genommen wurde. Da der Rasen oft gedüngt wird, bekommt der Baum meist sogar zu viel Dünger. Das kann bei Stickstoffgaben zu Stippigkeit der Früchte führen. Stippige Äpfel haben leicht eingesunkene braune Flecken unter der Schale. Diese sind nicht giftig, sehen aber nicht gut aus und schmecken nicht.

Blumenwiesen sind etwas Schönes. Leider führen sie oft zu Enttäuschungen, weil sie viel Pflege benötigen.

RAUS AUS DER ERDE

Im Juli ist es Zeit, die Blumenzwiebeln aus der Erde zu nehmen. Diese Maßnahme wird alle vier bis fünf Jahre durchgeführt, da die Blumenzwiebeln sonst zu weit nach unten abwandern und keine Kraft zur Blütenentwicklung mehr haben. Die Blumenzwiebeln werden getrocknet und im September wieder gelegt. Dabei kann man die kleinen Brutzwiebeln gleich extra pflanzen, damit sie sich zur richtigen Größe entwickeln können. Im Juli werden auch die Zwiebeln der Herbstzeitlosen und des Herbst-Krokus gepflanzt.

STECKLINGE SCHNEIDEN

Staudenstecklinge wie Günsel, *Lysimachia* oder die *Sedum*-Arten können im Juni geschnitten werden. Dabei sollte man die winterharten Winter-Astern nicht vergessen, denn Stecklinge sind die schnellste Methode, diese Blumen zu vermehren. Man schneidet die neuen Triebe an der Mutterpflanze so ab, dass etwa vier Blätter stehen bleiben. Mit einem scharfen Messer werden die Stecklinge immer unter einem Blatt abgeschnitten. Der erste Steckling von oben (Kopfsteckling) sollte eine kleine Spitze und ein voll ausgebildetes Blatt haben. Ist der Trieb, den man abgeschnitten hat, noch länger, kann man dann noch mehr Stecklinge (Teilstecklinge) daraus schneiden. Die Stecklinge werden in eine mit Sand befüllte Kiste gesteckt. Die Kiste kommt in ein Frühbeet oder an einen schattigen, windfreien Platz im Garten. In den ersten Tagen muss für ausreichend Feuchtigkeit gesorgt werden. Im Frühbeet hat man dazu noch die „gespannte Luft". Nach zwei bis drei Wochen merkt man, dass die Stecklinge Wurzeln produziert haben. Nun kommen sie in kleine Blumentöpfe und werden noch besonders gepflegt, ehe sie in das normale Beet gebracht werden.

Blattstecklinge kann man von den meisten Zimmerpflanzen schneiden, dabei wird ein Blatt oder nur ein Stück eines Blattes abgenommen und in Sand gesteckt.

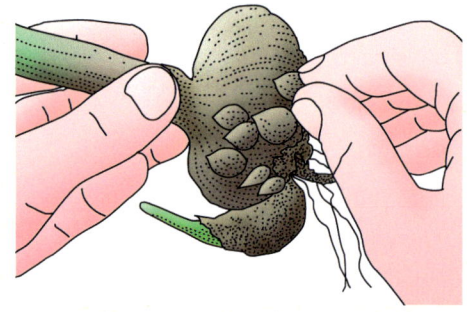

Blumenzwiebeln alle fünf Jahre aus dem Boden nehmen und trocknen, Brutzwiebeln aussortieren und im September einen separaten Platz geben.

Absenker: (1) Zweig von der Mutterpflanzen herunterbiegen und befestigen. (2) Bewurzelten Setzling abtrennen. (3) Die neue Pflanze einsetzen.

Azaleen eignen sich für Stecklinge

EINFACHE VERMEHRUNG DURCH ABSENKER

Pflanzen, die man schwer durch Stecklinge oder -hölzer vermehren kann, wie Rhododendron oder Liebesperlenstrauch (*Callicarpa*), kann man durch Absenker überlisten. Man biegt im Juli einen dünnen Zweig bis zur Erde herunter (1), beschwert ihn mit einem Stein oder klemmt ihn mit einer Astgabel fest. Nun wird etwas Erde auf den Zweig gestreut. Nach einem Jahr hat dieser Wurzeln ausgebildet, nicht vorher kontrollieren. Jetzt schneidet man die Verbindung zur Mutterpflanze ab (2) und pflanzt die neue Pflanze ein (3).

Was Großvater noch wusste

Die meisten Pflanzen, wie Rosen und alle Ziersträucher, werden das letzte Mal in diesem Jahr gedüngt, damit sie mit ausgereiftem Holz in den Winter gehen können. Natürlich wird das nur gemacht, wenn man genau weiß, welcher Nährstoff fehlt. Viel hilft nicht immer viel. Deshalb sollte der Boden alle fünf Jahre untersuchet werden. Das Geld für die Bodenprobe spart man dann beim richtigen Dünger.

RHODODENDREN, AZALEEN UND ERIKEN

Der August ist die richtige Zeit, Stecklinge von Rhododendren, Azaleen und Eriken zu schneiden. Bei Rhododendren und Azaleen nimmt man einen Trieb von etwa 10 cm Länge, der keine Knospen aufweist. Rollt man die Blätter mithilfe eines Gummibandes zusammen, schränkt man die Verdunstung des Stecklings ein. Eine zusätzliche Hilfe sind Bewurzelungsmittel. Die Stecklinge werden in eine Kiste mit Sand gesteckt. Zusätzlich hilft es, die Kisten mit einer Folie zu überziehen, um dadurch eine „gespannte Luft" zu erzeugen. Die Kisten werden im Schatten aufgestellt.

So sehen gesunde Rhododendron aus. Immer auf den pH-Wert achten.

BRAUNE KNOSPEN AN RHODODENDREN

Im Winter erscheinen bei manchen Rhododendren braune Knospen. Diese werden von Rhododendronzikaden verursacht. Sie bringen an ihrem Stachel einen Pilz mit, der die Knospen befällt. Abhilfe schafft man ohne Gift, indem man Gelbtafeln vor den Pflanzen aufhängt, an denen die Zikade hängen bleibt. Die Gelbtafeln sollten mindestens DIN A4 groß sein und nicht, wie oft vermutet, in den Rhododendren, sondern davor aufgehängt werden. Dies geschieht aber erst Anfang August, da sich sonst kleine Jungvögel verletzen können. Das Ausbrechen der braunen Knospen im Winter oder Frühjahr ist sinnlos, da sich die kleinen Zikaden nicht mehr in ihnen befinden.

Trockenblumen können auf vielfältige Weise getrocknet werden: Im Backofen, in Trockengeräten oder aufgehängt in Bündeln.

ZAUBERHAFTER TROCKENSCHMUCK

Die Blüten der Sommerblumen werden regelmäßig ausgeschnitten, damit die Pflanzen reichlich nachblühen können. Einige Arten kann man auch trocknen, um im Winter allerlei Gestecke und Sträuße zu basteln. Samenstände, bei denen die Samen noch unausgebildet sind, eignen sich eben-falls zum Trocknen. Strohblume, Statice und Schleierkraut sind bekannt als Trocken-blumen. Trocknet man diese vorsichtig im Backofen oder einem Trockengerät, bleiben die Farben erhalten. Fruchtstände von Dill, Schwarzkümmel, Mohn oder auch Brut-zwiebeln vom Knoblauch eignen sich für winterlichen Schmuck. Man kann eigentlich fast jede Blume trocknen. Wichtig ist, dass dies schnell geschieht.

Was Großvater noch wusste

Die Familie kommt oft und gern in den Gar-ten, besonders wenn Enkelkinder da sind. Hier hat man als Großvater eine echte Aufgabe. Besonders kleine Kinder kann man leicht für die Gartenarbeit begeistern. Das Wichtigste ist, dass sie mitmachen dürfen. Wenn dann einmal eine Pflanze etwas leidet, so ist es nicht so schlimm, denn die Freude über das „Helfen dürfen" ist größer.

Beim Helfen lernen die Kleinen viel und werden auf die Natur und ihre Zusammenhänge auf-merksam. Meine Enkelin Heike war vier Jahre und half mit, am Hügelbeet Unkraut zu ziehen. Schnell hatte sie sich abgesehen, was der Opa herausriss. Mit einem Mal schrie sie laut: „Opa sei vorsichtig, dass dich nicht die Schlange beißt."

Ein großer Regenwurm war beim Arbeiten aus der Erde geraten und versuchte sich in der Nähe meiner Hand wieder in den Boden einzugraben. Ich nutzte die Gelegenheit, etwas über Regenwürmer und deren Aufgabe zu erzählen. Solche Erlebnisse sind wichtig für Kind und Opa. Die Kinder erinnern sich später sehr gerne an diese kleinen Abenteuer.

Lange Blütenträume auf Balkonien

Urlaub auf Balkonien ist für viele Menschen schön und oft nicht anders möglich. Die Pflege der Balkonpflanzen entscheidet über ihr Aussehen. Die Wasserversorgung muss stimmen. Das Ausbrechen alter Blüten regt die Bildung neuer an. Hier ist viel zu tun.

KEIN STRESS FÜR KÜBELPFLANZEN

Pflanzen im Kübel trocknen im Juli oft aus. Dagegen hilft ein Untersetzer mit einem großen Durchmesser. Sollten die Kübel für Untersetzer zu groß sein, kann man über

Auch Körbe oder Eimer lassen sich bepflanzen, nur Mut und Fantasie.

eine Tröpfchenbewässerung nachdenken. Die Unsitte, die Kübelpflanzen immer auf einen anderen Platz zu rücken, schadet den Pflanzen, da sie jedes Mal ihre Blätter zum Licht drehen müssen. Der *Ficus benjamina* reagiert darauf sogar mit Blattfall und Kamelien werfen ihre Knospen ab.

BLÜTEN UND NOCH MEHR BLÜTEN

Die Blumen in Balkonkästen und Kübeln müssen ab Juni mindestens zweimal die Woche auf Verblühtes kontrolliert werden. Alles, was verblüht ist, wird ausgekniffen. Es darf auf keinen Fall zur Samenbildung kommen, sonst blühen die Pflanzen nur

Was Großvater noch wusste

Wer kein Geld hat für eine teure Tröpfchenbewässerung, muss es wie Großvater machen. Wenn er verreiste, stellte er einen Eimer mit Wasser neben den Pflanzenkübel. Dann nahm er einen starken Wollfaden, senkte das eine Ende im Wassereimer bis zum Boden, das andere Ende grub er leicht in den Blumenkübel ein. Ähnlich kann man auch bei Zimmerpflanzen verfahren.

ungenügend nach. Das stärkste Gesetz in der Natur ist der Trieb zur Erhaltung der Art, ob bei Pflanzen, Tieren oder dem Menschen. Kommt es zur Samenbildung, hat die Pflanze ihre Pflicht erfüllt und hört auf zu blühen. Das Gleiche gilt für die Blumen auf den Beeten. Auch bei den Rosen wird

Verblühtes ausgeschnitten, diese Maßnahme fördert die Bildung von neuen Blüten. Bei den Rhododendren werden vorsichtig die alten Blüten herausgebrochen. Dabei muss mit einer Hand der Trieb festgehalten werden, damit die kleinen Knospen für das nächste Jahr nicht abbrechen.

Gartenpraxis im *Juli*

Stauden und hohe **Sommerblumen** bindet man rechtzeitig an, ehe die Triebe krumm werden und umfallen. Die **Zweijahresblumen** müssen jetzt pikiert werden. Wer sie noch gar nicht ausgesät hat, muss sich beeilen. Stauden, welche im Frühjahr geblüht haben, können geteilt werden, ebenso die meisten Polsterstauden. Dies muss bei feuchtem Wetter geschehen, sonst muss man zu viel gießen. Rosen bekommen den letzten Dünger in diesem Jahr, die Blumenzwiebeln kommen aus der Erde. **Herbstzeitlose** und **Herbst-Krokusse** werden gepflanzt. Oft ist der Juli recht trocken, dann muss man besonders an die **Obstbäume** denken. Die Früchte benötigen genügend Wasser, damit sie groß werden. Auch bei den noch fruchttragenden **Beerensträuchern** gießen nicht vergessen! Das Wichtigste im Juli ist nun einmal die **Wasserversorgung**. Obstbäume, Sträucher und Stauden vergisst man eher als die Gemüse- und Sommerblumenbeete. Bei den Sträuchern und Stauden hilft eine Mulchschicht, damit die Erde länger feucht gehalten wird. Gut, wenn man einen hilfsbereiten Nachbarn hat, falls man einmal

verreist. Nach dem 10. Juli werden **Herbstgemüse** ausgesät. Im Juli kann man mit der Ernte der **Gemüsezwiebeln** beginnen. Man fängt mit der **Kräuterernte** an. Kapuzinerkresse (siehe Abb.), die zur Vertreibung der **Blutlaus am Apfelbaum** dienen soll, muss immer wieder hochgeleitet werden. **Erdbeerpflanzen** kann man durch **Ableger** selbst vermehren.

Bei kleinen **Gartenteichen** muss man in regenarmer Zeit darauf achten, dass nicht zu viel Wasser verdunstet. Nachfüllen kann man unbedenklich, wenn es nicht nährstoffreiches Wasser aus einer Regentonne ist. Man sollte jetzt besonders auf Algenbildung achten.

Sommer im Gemüsebeet

*Im Sommer braucht man Gemüse, bei guter Überlegung und Gartenplanung, nicht
zu kaufen. Die Gemüsevielfalt und frische Kräuter sorgen für Abwechslung in der Küche.
Auch den Nachbarn kann man etwas schenken, das schafft soziale Kontakte.*

HERBSTGEMÜSE JETZT AUSSÄEN

Im Juni ist Aussaattermin für folgende
Herbstgemüse: Busch-Bohnen, Blumenkohl,
Grünkohl, Kohlrabi und für fast alle Kräuter.
Wer kleine Knollen der Roten Bete ernten
will, kann jetzt auch noch welche aussäen.
Die anderen Herbstgemüse und Salate werden erst Mitte Juli ausgesät, sonst neigen
sie zum Schossen. Gleich Anfang Juni den
Grünkohl aussäen und später eintopfen,
bis das Kartoffelland frei ist. Keinen Wachstumsstau entstehen lassen.

**Werden Salat oder auch Herbstgemüse zu früh
ausgesät, neigen sie zum Schossen.**

Nach dem 10. Juli werden die Herbstgemüse
(Chinakohl, Fenchel, Endivien, Zuckerhut,
Pak Choi, Rettich, Herbstradieschen) ausgesät. Sät man diese Gemüse zu früh, dann
blühen und schießen sie. Dies hängt mit der
Biologie der Pflanzen zusammen, denn die
aufgezählten Herbstgemüse zählen zu den
Langtagspflanzen.

Sollte der Platz für Herbstgemüse noch
nicht frei sein, dann sät man sie in Kisten
aus und pikiert sie anschließend. Eventuell
müssen die Pflanzen auch noch eingetopft
werden. Sie warten an einer geschützten
Stelle des Gartens, bis der richtige Platz frei
ist. Der Grünkohl kann im Juli gepflanzt
werden, hat aber noch Zeit.

STICHTAG FÜR SPARGEL

Johanni ist der Stichtag für Spargel! Von
diesem Tag an darf er nicht mehr gestochen
werden, damit sich die Pflanzen erholen
können und kräftige Knospen für die
nächstjährige Ernte bilden.

Bleichspargel ist selten im Hobbyanbau, weil das Errichten der Dämme und
die schwierige Ernte von der Seite sowie

das Abhäufeln sehr viel Arbeit machen. Grün-Spargel ist für Laien und besonders für ältere Menschen leichter zu kultivieren. Jetzt im Juni sollte man den Spargel mit einem natürlichen Volldünger versorgen, den man im Handel erhält. Achtung: Nicht überdüngen und die Nährstoffgehalte vorher überprüfen.

KÜRBISSE OHNE MAKEL

Wer sehr große Kürbisse ernten will, muss im Juli die Triebe zwei Blätter hinter der Frucht entspitzen, das heißt, dass der Trieb dort abgeschnitten wird. Die verbleibende Ranke wird lose mit Erde bedeckt, sie bildet überall Wurzeln und ernährt die Früchte besser. Bilden sich gute Früchte aus, sollte man, solange sie noch klein sind, unter sie ein Brett oder eine Platte legen, dann wachsen sie sauberer heran. Hat sich doch einmal eine Kürbisfrucht irgendwo am Zaun oder Kompostgestell aufgehängt, dann sofort die noch junge Ranke in eine Richtung leiten, in der die Früchte gefahrlos wachsen können.

Was Großvater noch wusste

Petersilie darf nur alle sieben Jahre an die gleiche Stelle, sie kann auch mal im Rosenbeet stehen. Ältere Dillpflanzen lässt man bis zum Winter stehen, damit sie den Samen verstreuen. Selbst verbreiteter Dill ist unempfindlicher gegen Krankheiten.

Für solche Prachtexemplare von Kürbissen braucht man etwas Geduld. Aber es lohnt sich!

Zwiebeln sollten immer von selbst abbinden, das vermeidet Fäulnis im Winter.

Tomaten rechtzeitig ausgeizen, große Triebe verursachen große Wunden.

ZWIEBELZEIT

Die Zwiebeln müssen von allein „abschließen", das bedeutet, dass das Blattwerk gelb werden muss. Die Blätter nicht hinuntertreten, sonst halten sich die Zwiebeln im Winter schlecht. Am besten trocknet man sie leicht, ehe man sie zu Zöpfen flechtet. Die fertigen Zöpfe können unter dem Dachvorsprung der Laube aufgehängt werden. Zwiebeln und Knoblauch erfrieren auch im Winter nicht. Ist das obere Drittel des Knoblauchs abgestorben, kann er geerntet werden. Im September steckt man einige starke Zehen wieder ein (siehe Seite 88).

GUTE TOMATENPFLEGE

Tomaten müssen regelmäßig ausgebrochen werden. In unseren Breiten gedeihen sie am besten, wenn wir die Pflanzen mit nur

einem Trieb anziehen. Mehrere Triebe verzögern die Entwicklung. Es muss unbedingt

Was Großvater noch wusst

Der alte Aberglaube, man könnte den Rhabarber nach Johanni nicht mehr essen, hält sich noch immer Die Rhabarberpflanzen dürfen natürlich nicht bis zur Erschöpfung beerntet werden. Gesundheitsschädlich ist er aber nicht. Es bildet sich etwas mehr Oxalsäure, die aber dem Kalkabbau im Körper dient. Kräftige und wüchsige Pflanzen können bis zum Frost beerntet werden.

darauf geachtet werden, dass die Kalkver-
sorgung ausreichend ist, da die Früchte
ansonsten dunkle Flecke an der Unterseite
bekommen. Dabei handelt es sich um die
sogenannte Blütenendfäule. Sollten die
Tomaten unter einem Regenschutz oder im
Gewächshaus stehen, muss man die Pflanzen jeden Tag leicht schütteln. Im Freien
besorgt dies der Wind! Die Tomaten werden
geschüttelt, damit der Blütenstaub an die
Narbe gelangt, sonst setzen die Pflanzen
keine Früchte an. Manche Leute streicheln
ihre Pflanzen und schütteln dabei auch
den Blütenstaub auf die Narbe. Sie denken,
dass das Streicheln die Ursache für das gute
Gedeihen ist.

**Tomaten werden häufig von Braunfäule befallen.
Mit wenig Aufwand kann man sie davor schützen.**

BRAUNFÄULE AN KAR-
TOFFEL UND TOMATE

Sollte die Phytophtera (Braunfäule) bei Kartoffeln auftreten, dann müssen die Kartoffeln sofort geerntet werden, sonst stecken
sie die anderen Knollen an. Spätkartoffeln
müssen auf jeden Fall vor der Braunfäule
geschützt werden. Eine „Biosage" lautet wie
folgt: Wenn man das Kraut abschneidet,
können die Kartoffeln im Boden bleiben.
Nach jahrelanger Beobachtung komme
ich zu dem Schluss: Bei Sandböden funktioniert dies bedingt, weil die befallenen
Knollen verfaulen, ohne die anderen anzu-
stecken. Bei schweren Böden kann dieser
Trick, der die menschliche Faulheit stärken
soll, vollkommen danebengehen.

Am meisten ärgert uns die Braunfäule
bei den Tomaten. Sie kommt von den Kartoffeln. Ende Juni ist es soweit. Tomaten

überdachen ist das Einfachste, denn dann
bleiben die Blätter trocken. Wer das nicht
kann, muss vorbeugend eingreifen. Es gibt
genug wirksame, unschädliche Mittel im
Fachhandel. Diese müssen als Schutzschild
auf die Blätter gebracht werden. Die Mittel
sind zwar unschädlich, müssen aber genau
nach Vorschrift ausgebracht werden. Auf
der Packung ist aufgedruckt, wie oft die
Spritzungen wiederholt werden müssen.

TOMATEN SELBST
VERMEHREN

Wer Tomaten selbst vermehren will bindet
an besonders gut entwickelte Früchte einen
Bindfaden, damit man sie beim nächsten
Pflücken nicht mit erntet. Die Früchte müssen ganz ausgereift sein. Für den eigenen
Bedarf ist das erlaubt, aber manche Sorten
unterliegen auch dem Sortenschutz.

GESUNDER BODEN

Gründünger, wie Lupine, Bohnen oder Erbsen, kann noch im August gesät werden; besser ist es, die Flächen noch mit Herbstgemüse, wie Radieschen, Rettich, oder Spinat, zu bestellen. Die Blattmasse für den Kompost und die Wurzeln im Boden bringen ebenso viel Humus wie eine Gründüngung. Achtung! Wegen der Vermehrung von Kohlhernie keine Kreuzblütler (Senf, Raps, Rübsen) verwenden. Wer ohnehin schon zu viel Stickstoff im Boden hat, der nimmt Phacelia. Auch eine im Fachhandel erhältliche fertige Saatgutmischung, ein Gemenge aus verschiedenen Samen, hat sich bewährt.

SCHMACKHAFTES GEMÜSE FÜR DEN HERBST

War der Platz bisher dafür noch nicht frei, konnte man die meisten Gemüsepflanzen (Herbstkohlrabi, Salat, Fenchel, Endivien, Zuckerhut, Chinakohl) im Blumentopf heranziehen. Die Pflanzen müssen vor dem Auspflanzen kräftig gewässert werden.

Im August können noch Radieschen, Rettiche, Dill, Stielmus, Speiserüben, Überwinterungszwiebeln und Spinat zur Herbsternte ausgesät werden. Diese können alle vor dem Frost geerntet werden oder sie überstehen die ersten Fröste gut. Probieren Sie auch einmal die schmackhaften Mai- oder Stoppelrüben aus. Der Spinat zum Überwintern sollte erst Ende des Monats ausgesät werden. Feldsalat sät man ab Mitte des Monats in Folgen aus. Spinat und Feldsalat ruhig etwas mehr aussäen als man braucht, da diese Pflanzen auch der Bodenverbesserung dienen. An Ort und Stelle ausgesäte Herbstgemüse müssen vereinzelt werden. Wenn die Pflanzen sich gut anfassen lassen, zieht man die zu eng stehenden heraus. Ist irgendwo noch eine Lücke, kann man diese dann dort einpflanzen. Der Abstand richtet sich nach der zu erwartenden Größe der Pflanze. Lieber den Abstand etwas weiter wählen.

Die Bienenweide, *Phacelia*, ist ein guter Gründünger, wenn man genügend Stickstoff im Boden hat.

KRÄUTER KONSERVIEREN

Die Kräuter für Tee aus dem eigenen Garten trocknet man gebündelt im Schatten. Wenn sie richtig trocken sind, sodass sie „prasseln", kommen sie in luftdichte Dosen oder Gläser.

Viele Kräuter kann man auch einfrieren oder in Öl einlegen. Eingefroren wer-

Kräuter in Eiswürfelbecher einfrieren ist praktisch.

Eigene Kräuter in Öl oder Alkohol eingelegt, sind im Winter ein nettes Geschenk, wenn man jemanden besuchen geht.

den können alle Kräuter, die man frisch für Salat oder als Dekoration braucht. Schnittlauch wird vor dem Einfrieren geschnitten. Dill und Petersilie werden in kleinen Paketen heil eingefroren und beim Verbrauch einfach nur über die Speise gebröselt. Aromatische Kräuter wie Minzen, Melisse, Thymian, Salbei und Weinraute werden in Öl oder Alkohol eingelegt. Die Kräuter werden in Flaschen gesteckt und mit der Flüssigkeit ein paar Tage in die Sonne gestellt. Im Winter wird das flüssige Gold in kleinen Dosen verbraucht. In Alkohol aufgesetzte Kräuter sind im Winter als würziger Trank oder Einreibung immer willkommen.

Was Großvater noch wusste

Wenn die Kürbisse so groß sind wie ein kleiner Fußball, kann man sie beschriften. Man nimmt dazu ein an einer Kante leicht abgerundetes Streichholz. Nun schreibt man auf die weiche Rinde einen Sinnspruch oder den Namen seiner Frau. Dann kann man zu Hause berichten: „Sie ist schon wieder dicker geworden." Mein Großvater schrieb auf seine Kürbisse: „Geklaut bei Leumer." Ich beschrifte gern einen Kürbis mit einem Sinnspruch, wie „An Gottes Segen ist alles gelegen", dann habe ich gleich eine schöne Gabe auf den Erntedankaltar. Die Schrift darf natürlich nicht zu tief sein, sonst fault der Kürbis. Beim Größerwerden der Früchte wächst diese Schrift mit. Wer besonders sichergehen will, beschriftet zwei Früchte.

Ernte und Erziehung im Obstgarten

Im Sommer kann man Obstbäume schneiden. Die Wassertriebe werden ausgerissen, Raupennester entfernt. Pilzbefall ausgeschnitten und Zweige zu neuen Fruchttrieben erzogen. Die Beerenernte setzt ein und wir können uns auf die leckeren Früchte freuen.

ERDBEERPFLANZEN BEHUTSAM WÄSSERN

Sollte es zur Zeit der Erdbeerernte zu trocken sein, ist es empfehlenswert, einen Wasserschlauch zwischen die einzelnen Reihen zu legen damit das Kraut nicht so nass wird. Den Wasserhahn nur schwach aufdrehen. Der Schlauch muss weitergezogen werden. Wer nur die Möglichkeit hat, von oben zu gießen, sollte dieses grundsätzlich frühmorgens erledigen, damit die Blätter zum Abend wieder trocken sind, ansonsten verbreiten sich die Pilzkrankheiten zu stark.

Gute Ableger von der fleißigen Pflanze werden an der Pflanze eingetopft.

GUTE MUTTERPFLANZEN-WAHL BEI ERDBEEREN

Während der Ernte der Erdbeeren beobachtet man die Pflanzen, die reichlich gute Früchte tragen. Nur diese eignen sich zum Vermehren. Sie müssen etikettiert werden, sonst erkennt man sie später nicht wieder. Die Pflanzen mit den wenigsten Früchten bringen nämlich später die kräftigsten Ableger, dadurch ist man versucht, diese zu nehmen. Falsche Mutterpflanzenwahl ist die Hauptursache, warum die Erdbeeren nach einigen Jahren mit dem Ertrag nachlassen. Ist die Ernte vorbei, setzt man unter

die gewünschten Ableger einen Blumentopf mit Komposterde. Am besten versenkt man den Blumentopf im Boden, dann steht er ruhig. Die Ableger können in den Töpfen schon Wurzeln bilden und erleiden somit keinen Umpflanzschock.

ABSTAND FÜR ERDBEEREN

Die vorgezogenen Erdbeeren werden im August so früh wie möglich gepflanzt, damit wird der Blütenansatz für das nächste Jahr gefördert. Bei einjähriger Kultur reicht ein Reihenabstand von 50 cm. Will man sie zweijährig ziehen, dann sollte der Reihenabstand 80 cm betragen. Auf jeden Fall werden sie mit Pferdemist gemulcht. Bei zweijähriger Kultur darauf achten, dass sich beim Säubern der Reihen in der Mitte keine Ausläufer befinden. Die Reihen werden sonst zu eng und somit würde die Fäulnis gefördert.

Bei Erdbeeren werden nur die stärksten und ertragreichsten Mutterpflanzen vermehrt.

Wein muss ausgegeizt werden, damit die Sonne an die Früchte kann.

DEN WEIN ERZIEHEN

Am Weinspalier schneidet man im Juni die überflüssigen Triebe aus. Hinter der letzten Traube am Trieb lässt man noch zwei Blätter stehen und schneidet die Rebe in der Mitte zwischen den Blättern ab.

WASSERTRIEBE ENTFERNEN UND ERZIEHEN

Um die Mitte des Monats Juni sollte man an die Obstbäume denken. Die neuen Triebe (Wassertriebe) lassen sich jetzt noch leicht abreißen. Dabei reißt man etwas von der

Rinde mit weg. In diesem Rindenansatz befinden sich die „schlafenden Augen". Werden diese mit entfernt, hat man einen großen Teil der nächstjährigen Wassertriebe beseitigt. Der Ausdruck Wassertriebe ist zwar weit verbreitet, aber nicht richtig. Es handelt sich dabei um einjährige Triebe, die man auch so erziehen kann, dass sie im dritten Jahr Früchte tragen. Solche Zweige, die aufrecht wachsen, bindet man herab, sodass sie noch nicht ganz waagerecht sind. Der Safttransport geschieht nun langsamer und die Blattknospen entwickeln sich zu Blütenknospen. Die Fruchtknospenentwicklung findet ab Johanni statt.

JUNIFALL BEI OBSTBÄUMEN

Die Obstbäume werfen im Juni alle kleinen Früchte, die nicht oder nicht ausreichend befruchtet sind, ab. Wenn der sogenannte Junifall beendet ist, bricht man bei zu dicht stehenden Fruchtansätzen einige Früchte heraus, damit sich die am Baum verbleibenden zur richtigen Größe entwickeln können.

DÜNGUNG IM OBSTGARTEN

Die Beerensträucher und Obstbäume sollten im Juli noch einmal gedüngt werden. Natürlich macht man dies nur, wenn man weiß, welcher Nährstoff im Boden fehlt. Düngung erfolgt immer nur nach einer Bodenprobe, die man im Winter durchgeführt hat (siehe Seite 108).

ERNTETRICK BEI BEEREN

Beim Ernten der Stachel- und Johannisbeeren nimmt man einige alte bereits braune Äste heraus, damit die Pflanzen immer wüchsig bleiben. Man schneidet die Zweige mit den Früchten heraus und pflückt das Obst anschließend ab. Auf diese Art und Weise lässt sich auch der Rest der Früchte leichter abpflücken.

Bei Stachel- und Johannisbeeren werden die Triebe nie einkürzt. Bei hochstämmigen Pflanzen muss man darauf achten, dass das Gleichgewicht der Krone erhalten bleibt.

Sollten die Früchte am Apfelbaum zu eng aneinander hängen, dann bricht man welche aus.

Was Großvater noch wusste

Das wichtigste Gerät zur Schädlingsbekämpfung ist ein Vergrößerungsglas, mit dem man leichter herausbekommt, was man da sieht. Bei Blattlauskolonien befinden sich häufig Eier des Marienkäfers oder der Florfliegen in der Nähe der Kolonie. Häufig ist zu sehen, dass einige Läuse grau oder schwarz verfärbt sind. Diese sind dann von einem Nützling angestochen worden, der sein Ei in die Läuse ablegt. Bei beiden Fällen bloß nichts unternehmen, denn dann verschwinden die Läuse von allein.

Gegen Maden helfen Fallen und fleißiges Aufsammeln.

OBSTMADEN DAS LEBEN SCHWER MACHEN

Im Fallobst befinden sich kleine Maden (Raupen). Deshalb sollte man ab Juli jeden Tag das Fallobst auflesen und zum Kompost bringen. Wenn die Früchte unter dem Baum bleiben, krabbeln die Viecher gleich wieder hinauf oder verkriechen sich in der Erde und sind für den neuen Befall bereit. Müssen sie aber vom Komposthaufen bis zum Baum zurück, dann ist die Chance größer, dass sie von Vögeln gesehen und gefressen werden.

Gartenpraxis im *August*

Im August wird bei allen Pflanzen, die Dünger benötigen, zum letzten Mal gedüngt. Gründünger kann jedoch noch gesät werden. Die Pflanzen müssen Zeit haben, im Herbst auszureifen. Die **Zweijahresblumen** werden pikiert. Wo man Platz hat, kann man sie auch schon an Ort und Stelle pflanzen. Bei feuchter Witterung können die **Frühjahrsblüher** unter den Stauden umgepflanzt werden. Wer schon zu viel hat, kann sie verschenken oder kompostieren. Auch die **Pfingstrosen** kann man teilen. Dabei ist besonders darauf zu achten, dass sie genauso tief gepflanzt werden, wie sie vorher gestanden haben. Sie zögern sonst jahrelang mit der Blüte. Von **Moorbeetpflanzen** können nun Stecklinge geschnitten werden. **Tomaten** werden nach der dritten oder vierten Blütentraube ent-

spitzt, da sowieso nicht alle Früchte bei uns reif werden. Beim **Entspitzen** lässt man nach der letzten Blütentraube noch zwei Blätter stehen. Um stets frische Triebe zu haben, wird **Dill** immer in Folgesätzen ausgesät. Diese lassen sich gut einfrieren. Es wird noch ein Satz **Petersilie** ausgesät. Er überwintert dann und bringt im Frühjahr riesige Büschel hervor. Damit Schädlinge nicht gleich wieder auf den Baum krabbeln, muss **Fallobst** immer so schnell wie möglich aufgesucht und zum Kompost gebracht werden. Die vorgezogenen **Erdbeerpflanzen** kommen ins Beet. Noch kann man **Wintergemüse** aussäen, Radieschen, Rettiche, Speiserüben werden vor dem Frost reif. Für die **Spinataussaat** ist jetzt der richtige Zeitpunkt, will man das Gemüse im Herbst ernten.

Herbst

Der Herbst ist mit seinen vielen Facetten die schönste Jahreszeit für den Hobbygärtner. Er bringt viel Arbeit aber auch großen Erfolg. Der Garten dankt ihm für seine Mühe mit einer reichen Ernte.

Guter Gartenboden

Der Boden bestimmt das Leben der Pflanzen. Ist der Boden in Ordnung gedeiht alles.
Wenn der Boden vorsichtig behandelt wird, geht nichts schief: Nicht darauf rumtrampeln,
mit Salzen verbrennen oder mit eisigem Wasser übergießen.

FACHGERECHTE BODEN-UNTERSUCHUNG

Ich empfehle jedem Gartenfreund, den Nährstoffgehalt der Böden auf keinen Fall selbst abzuschätzen. Nur eine fachgerechte Bodenuntersuchung gibt Aufschluss über die Bodenbeschaffenheit. Diese wird auf Seite 108 beschrieben. Wer ohne Bodenuntersuchung düngt, verschwendet sein Geld. Er weiß nicht, ob noch genug eines Nährstoffes vorhanden ist oder es an einem mangelt, den er gar nicht gedüngt hat. Der beliebte Volldünger, der im Fachhandel erhältlich ist, geht nicht auf die Bedürfnisse der einzelnen Pflanzen ein, sondern belastet die Böden. Der Boden sollte spätestens alle fünf Jahre untersucht werden. Den Kalkgehalt des Bodens (pH-Wert) kann man mit einem Calcittest selbst feststellen. Man kauft einen Test im Gartenbedarf und gibt ein paar Gramm Boden in das beiliegende Röhrchen. Jetzt kommt eine Testtablette dazu und etwas destilliertes Wasser. Nun wird geschüttelt, bis sich die Lösung verfärbt hat. Auf beiliegender Farbskala kann man den pH-Wert ablesen.

Der Sauzahn hilft bei lockeren Böden bei der Sauerstoffversorgung.

Pflanze	pH-Wert
Alle Gemüse	6–7,5
Heidelbeere, Preiselbeere	5
Pfirsich	6–6,5
Quitte	6–6,5
Sauerkirsche	6–6,5
Brombeere, Himbeere	6–6,5
Erdbeere	6–6,5
Haselnuss	6–6,5
Apfel, Birne	6,5–7,5
Pflaumen, Zwetschgen	6,5–7,5
Johannis-, Josta- und Stachelbeere	6,5–7,5
Weinrebe	6,5–7,5
Erica, Azaleen und Rhododendron	5–5,5
Christrose und Edelweiß	7,5
Andere Ziersträucher und Stauden	6–7

UMGRABEN JA ODER NEIN?

Das Umgraben ist heute schon fast ein Religionskrieg geworden. Das Bodenleben wird zwar gestört, ordnet sich aber nach meinen Erfahrungen schnell wieder in seine Schichten ein. Ist der Boden zu fest, geht viel mehr vom Bodenleben verloren und die Stoffumsätze im Boden geschehen wesentlich langsamer. Wer möchte, kann es selbst mal versuchen und ein Beet umgraben, das andere nicht. Er wird feststellen, dass er Unterschiede im Ertrag und der Wüchsigkeit der Pflanzen gut erkennen kann. Wer in seinen Boden mit der bloßen Hand, das heißt mit zwei Fingern, Löcher zum Pflanzen herstellen kann, braucht nur mit dem Sauzahn oder der Grabeforke Luft in die untersten Schichten zu bringen. Sollte der Boden durch Humuswirtschaft noch nicht so locker geraten sein, empfiehlt es sich, zumindest das Gemüseland umzugraben. Dazu nimmt man nicht den Spaten, sondern die Grabeforke, damit der Regenwurm

Was Großvater noch wusste

Wird Kalk gestreut, muss er grundsätzlich in den Boden eingebracht werden, sonst trocknet er aus und bindet ab. Das kann man an Kalkmauern sehen. Liegt er nur obendrauf, bindet er an trockenen Tagen im Winter ab und die Wirkung verfällt. Auch die beliebten Eierschalen auf dem Kompost werden nur schnell umgesetzt, wenn sie roh sind. Gekochte Eierschalen und Kalk, der oben liegen bleibt, werden vom Bodenleben auch zersetzt, aber es dauert cirka 13 Jahre.

auch eine Chance hat. Der Lockerungseffekt der Frostgare ist vor allem bei schweren Böden wichtig.

Komposterde sollte immer nach Waldboden riechen, niemals stinken.

Wenn der Boden noch so fest ist, dann muss noch viel getan werden. Eine Grabegabel hilft.

Liebevolle Pflege im Ziergarten

Im Ziergarten stellt sich der Herbst ein: die Blätter verfärben sich, die Sträucher bekommen bunte Früchte. Jetzt müssen wir unsere Ziersträucher und -blumen gut im Blick behalten. Mit der richtigen Wassergabe und einem pflegenden Schnitt kommen sie gut in den Winter.

IMMERGRÜNE GUT VERSORGEN

Das Wichtigste ist, dass die immergrünen Gewächse auch im November noch ausreichend Wasser bekommen. Durch ihr dichtes Laubdach läuft das meiste Wasser bei Regen vorbei. Spätestens, wenn die Regentonnen ausgeleert werden, sollten sie noch einmal gründlich versorgt werden.

ZIERGEHÖLZE AUSLICHTEN

Die Ziersträucher können im November ausgelichtet werden. Man nimmt ganze Zweige, so weit wie möglich, unten heraus. Nicht einkürzen! Dadurch werden die Pflanzen nur zu unschönen „Bubiköpfen" verunstaltet. Pflanzen, deren Zweige man im Winter treiben will, werden auch dann erst geschnitten.

Bei den Rosen kürzt man bis in Kniehöhe ein, damit sich der Boden besser bearbeiten lässt. Eine dicke Mulchschicht aus Häcksel oder Laub schützt im Winter besser als das Anhäufeln. Kranke Blätter

müssen vorher auf jeden Fall zum Kompost gebracht werden und dürfen nicht zwischen den Rosen verbleiben.

HECKEN VERJÜNGEN

Der November ist für zu alt oder zu stark gewordene Hecken die beste Zeit zum Verjüngen. Durch das übliche Schneiden der Hecken im Sommer werden sie mit den Jahren immer breiter und höher. Eines Tages ist einem das lästig oder man kommt am Weg nicht mehr vorbei. Verjüngt wird am besten Ende Oktober oder Anfang Novem-

Immergrüne Pflanzen muss man auch im Herbst ausreichend mit Wasser versorgen.

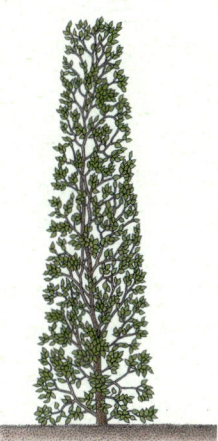

**Hecken immer trapezförmig schneiden, damit
Sonne und Regen überall ankommen.**

die Heizung durchgeleitet werden, ist es für
die Knollen zu warm: Wer keinen richtigen
frostfreien Ort findet, kann auch im Garten
eine Grube 60 bis 80 cm tief ausheben. Die
Dahlien, Canna und auch die Fuchsien stellt
man hinein und gibt trockenes Laub darauf.
Darüber legt man Bretter und gegen den
Regen eine Folie. Die Grube muss bei frostfreiem Wetter öfter gelüftet werden. Sollte
es sehr stark frieren (−16 bis −20 °C), kann
man zum Schutz noch Laub auf die Grube
bringen. Knollen-Begonien werden von den
Stängeln ganz befreit. Wer sie richtig herum
in einer Kiste lagert, braucht im Frühjahr
nicht zu rätseln, wo oben und wo unten ist.

ber. Dann können sich die „schlafenden
Augen", das sind die Vorstufen der Knospen, über den Winter entwickeln und der
Austrieb im Frühjahr ist wesentlich stärker.
Man schneidet die Hecke prinzipiell 20 cm
tiefer, als sie wieder werden soll. Auch in
der Breite nimmt man von jeder Seite 10 cm
mehr ab. Dabei muss man unbedingt auf
die Trapezform achten, dann entwickelt
sich die Hecke besser. Im Übrigen ist bei zu
hohen Hecken die Einbruchgefahr höher als
bei niedrigen. Die Einbrecher fühlen sich
ungestörter.

GESCHÜTZT ÜBER DEN WINTER: DAHLIEN

Dahlien, Gladiolen und Canna müssen nach
dem ersten Frost ausgegraben werden.
Dahlien werden kopfüber gelagert, damit
die Stängel kein Wasser behalten. Gelagert
werden sie am besten im Keller. Sollte da

Was Großvater noch wusste

Manche Leute haben Spaß am
Heckeschneiden. Sie schneiden zu
Unzeiten und sind daher gezwungen,
drei bis vier Mal zu schneiden,
weil ihre Hecke immer wieder
stoppelig durchtreibt. Das erste
Mal schneidet man nach dem
24. Juni, dem Johannitag, dann ist
das Wachstum in der Natur nicht
mehr so stark. Das zweite Mal
nach dem 20. Septem-
ber, da hört das
Wachstum auf.
Hecken werden
immer trapezförmig
geschnitten, damit die
Sonne und der
Regen von allen
Seiten herankann.

Zeit zum Pflanzen und Vermehren

Herbstzeit ist Pflanzzeit. Mitte November ist die beste Zeit, um Bäume und Sträucher zu pflanzen. Wenn man weiß was man will, geht oder fährt man zur Baumschule. Bei einem ausgebildeten Baumschulist ist man gut aufgehoben und wird richtig beraten.

PFLANZZEIT FÜR ROSEN UND CO.

Für Rosen und andere Ziersträucher ist im November die beste Pflanzzeit. Dann haben die Baumschulen ihre Ware im Einschlag, das heißt ohne Töpfe, zu verkaufen. Das ist die beste Form für einfache Pflanzen. Die Pflanzlöcher werden so groß ausgehoben, dass die Wurzeln auch in der Tiefe Platz finden. Endlos lange Wurzeln werden abgeschnitten. Die Sträucher, auch die Rosen, werden festgetreten und eingeschlämmt. Die Zweige werden mindestens um die Hälfte eingekürzt oder einige ganz herausgeschnitten. Um das Anwachsen zu erleichtern, muss man ein Gleichgewicht zwischen Wurzel und Krone herstellen. Sollen alte Rosen im Beet ersetzt werden, muss man die Erde aufgrund der Bodenmüdigkeit austauschen. Man gräbt ein Pflanzloch von 40 x 40 x 40 cm und bringt die Erde an eine andere Stelle des Gartens. Zum Einpflanzen der Rose wird Erde von einer Stelle benutzt, an der noch nie Rosen gestanden haben. So vermeidet man von Anfang an, dass die Bodenmüdigkeit überhand nimmt.

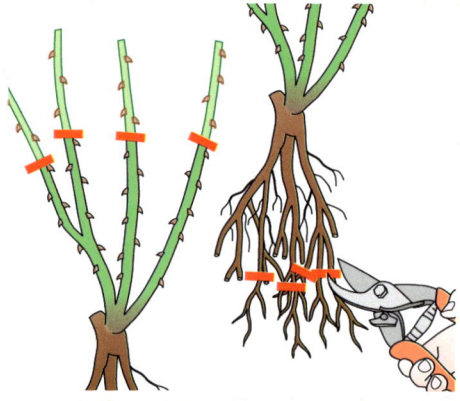

Pflanzschnitt ist bei Rosen wichtig, besonders beschädigte Wurzeln müssen wir kürzen.

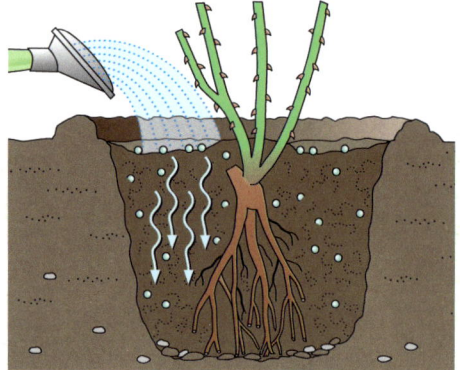

Das Pflanzloch sollte mindestens 40 cm breit sein. Angießen natürlich nicht vergessen.

SONDERFALL HOCH-STAMMROSEN

Liebhaber von Hochstammrosen sollten im November beim Pflanzen an das Eingraben der Krone denken. Die Pflanzen werden schräg in die Richtung eingepflanzt, in die man die Krone eingraben kann. Man muss den Stamm dann nicht so extrem biegen. Beim Anbinden im Frühjahr steht der Stamm geringfügig unter Spannung, das schadet nicht. Der Vorteil zeigt sich dann, wenn die Stämme alt und brüchig werden. Man kann die Rosen eventuell auch im Quadrat pflanzen; so lassen sich die Kronen von vier Rosen in das gleiche Loch eingraben. Um nicht ein Riesenloch ausheben zu müssen, kürzt man die Kronen stark ein.

Selbst geerntete Samen werden in einer Papiertüte vorläufig gelagert. Im Winter ist Zeit zum Säubern.

BUCHSBÄUMCHEN SELBST ANZIEHEN

Im September kann versucht werden, den Buchsbaum durch Stecklinge zu vermehren. Man schneidet etwa 2 bis 3 cm lange Triebspitzen ab und steckt sie in Sand, am besten in eine kleine Kiste und diese wiederum in das Frühbeet. Die Stecklinge sollten 3 bis 4 cm nicht überschreiten, dabei ist es unwichtig, wie viele Blätter sie haben. Im Frühbeet darf nicht die pralle Sonne auf die Stecklinge scheinen.

EIGENES SAATGUT ERNTEN

Wer von seinen Sommerblumen einmal selbst Samen ziehen möchte, sucht sich voll ausgebildete Samenstände aus. Diese müssen wirklich richtig reif sein. Man erkennt es an ihrer Färbung, sie ändern langsam ihre grüne Farbe zu Gelb oder Braun, je nach Art. Samenstände, die die Samen von selbst verstreuen, müssen wir im Auge behalten, damit man den Samen rettet, bevor er davongeflogen ist.

Die Samenstände werden in einer trockenen Papiertüte – die oben nicht verschlossen wird – gelagert, bis man im Winter Zeit hat, die Samen von der Spreu zu trennen. Der saubere Samen wird luftdicht bis zur Aussaat aufbewahrt. Die hieraus entstehenden Pflanzen sehen nicht exakt so aus wie die Mutterpflanzen. Die Eigenschaften von Farbe und Blütengröße fallen zu je 25 % in die Vater- und Muttersorten zurück.

NEUER PLATZ FÜR STAUDEN

Bei feuchter Witterung können im September die frühjahrsblühenden Stauden umgepflanzt werden. Man sollte aber immer darauf achten, dass die Pflanzen auch ausreichend Wasser haben. Sie müssen beim Umpflanzen sehr fest angedrückt werden. Größere Pflanzen kann man mit dem Fuß fest antreten. Darauf achten, dass genügend Abstand zwischen den Stauden bleibt, damit sie nicht ineinanderwachsen. Schwach wachsende Stauden sollten 20 cm und stark wachsende mindestens 40 cm Abstand haben. Den Abstand benötigt auch der Gärtner, damit er besser des Unkrautes Herr wird. Bei Rabatteneinfassungen oder großflächigen Gestaltungen mit Polsterstauden gilt dies nicht.

BLUMENZWIEBELN STECKEN

Im September ist es an der Zeit, die Zwiebeln der Frühjahrsblüher wie Krokusse, Hyazinthen, Märzenbecher, Narzissen, Schneeglöckchen und Tulpen zu stecken. Dies kann auch noch im Oktober erfolgen, kommen sie bereits im September in den Boden, bilden sie ein besseres Wurzelwerk aus. Die Zwiebeln steckt man so tief, dass sie in Zwiebelstärke mit Erde bedeckt sind.

Alle Arten werden nicht in Reihen, sondern in kleinen Horsten zu fünf oder zehn Stück gepflanzt. Die Blütenpracht sticht so mehr ins Auge. Beim Kauf von Blumenzwiebeln empfiehlt sich zwar, auch auf den Preis zu achten, aber noch mehr auf die Qualität. Märzenbecher wachsen schwer an, weil sie

Was Großvater noch wusste

Herr Reinlich und Frau Sauberfrau wollen im nächsten Jahr viele Schädlinge haben, sonst würden sie das Laub als Schutzschicht zur Überwinterung von Nützlingen nicht einfach entfernen. Aus dem Teich sollte das Laub natürlich herausgefischt werden. Übrigens kann man im Frühjahr aus dem übrig gebliebenen Laub auch einmal Lauberde herstellen. Diese kann man gut zum Verbessern der Aussaaterde gebrauchen. Mit etwas Efeu kann man den Bienen sehr helfen. Es ist die letzte Trachtpflanze, welche zur Laubenbegrünung und als Windschutzwand im Sitzplatzbereich bestens geeignet ist.

Was Großvater noch wusste

Haben Sie schon einmal daran gedacht, dass die Bienen und die anderen Insekten, die unsere Erträge bei den Obstbäumen und Beeren vervielfachen, im Herbst oft große Not haben und wenig Nahrung finden? Wir können ihnen helfen, indem wir die wichtigsten Nahrungspflanzen im Herbst wie Herbst-Astern (siehe Abb.), Borretsch, Heidekraut, Sonnenhut, Zier-Disteln, spätblühende Sedum-Arten – besonders die Purpur-Fetthenne – und Efeu anpflanzen, die den Bienen und anderen Insekten noch eine späte Tracht bieten.

Blumenzwiebeln in Horste oder Tuffs gepflanzt wirken natürlich, in der Reihe eher langweilig.

oft zu lange trocken lagerten. Am besten lässt man sich von Gartenfreunden einige schenken. Wenn sie aus der Erde kommen, müssen sie noch am gleichen Tag eingepflanzt werden. Diese Empfehlung gilt auch für Schneeglöckchen.

STAUDENSTÄNGEL BIETEN UNTERSCHLUPF

Bei feuchtem Wetter können im Oktober die Früh- und Sommerblüher unter den Stauden umgepflanzt werden. Die Stängel der Stauden dürfen noch nicht abgeschnitten werden, sie dienen vielen Kleinlebewesen als Futtergrundlage und Unterschlupf. Wenn diese mit Hilfe der Stängel überwintern können hat man im Frühjahr reichlich Nützlinge im Garten. Auch die Vogelwelt profitiert von den Samenständen.

Perfekter Rasen im Garten

Die Anlage einer Rasenfläche ist im Herbst am besten. Das Land ist frei von Unkraut, durch Vorkulturen ist der Boden locker und man ist nicht versucht über die neue Fläche zu laufen. Büsche, die im Weg stehen, kann man jetzt gut umpflanzen.

DEN BODEN VORBEREITEN

Im September ist die beste Zeit, um Rasen auszusäen, da eine Herbstaussaat weniger Unkraut bringt.

Die meisten Unkräuter wurden im Laufe des Sommers durch die Vorkultur beseitigt. Rasen wird nur auf einer vollkommen glatten Fläche ausgesät. Das Planieren ist für einen ungeübten Hobbygärtner oft sehr schwierig. Es geht mit einer Holzharke gut. Eine Eisenharke zieht immer zu viel Boden von einer Stelle. Man harkt die ganze Fläche einmal ab. Natürlich muss sie sehr fest sein, darum trampelt man Schritt für Schritt die Fläche fest. Mit den Füßen lassen sich die Löcher im Boden festtreten. Ein erneutes Harken, quer zur ersten Arbeitsrichtung, bringt bereits etwas mehr Bodengleichheit. Ein drittes Harken diagonal zur Richtung bringt einem den Erfolg näher. Nun legt man sich auf die Erde und schaut direkt über die Flächen. Die Berge, die man dann noch sieht, müssen auch noch planiert werden. Jeder will ja eine gerade Rasenfläche, auf der der Ball nicht immer in die gleiche Ecke rollt und der Tisch zum Kaffeetrinken nicht schief steht. Sollten in die Rasenfläche Trittplatten verlegt werden oder Klinker als Kante gesetzt werden, muss man dies jetzt tun, weil die Fläche fast gerade ist. Die Trittplatten und die Klinkersteine müssen 1 cm über der Kante herausschauen, sonst versinken sie später zu schnell im Rasen.

Bevor der Rasen ausgesät wird, muss der Boden gut vorbereitet und völlig eben sein.

Als Abgrenzung werden Kantsteine und Gehwegplatten gesetzt oder verlegt.

RASEN AUSSÄEN

Für eine schöne Rasenfläche benötigt ein Fachmann 15 g Saat pro Quadratmeter. Der Händler rät zu 60 g. Mit einiger Mühe kommt ein Laie mit 30 g aus. Die Rasensorten (Mischungen) werden vom späteren Verwendungszweck des Rasens bestimmt. Soll er schön und strapazierfähig sein, nimmt man die Mischungen „Camping" oder „Sport und Spiel". Vor der Aussaat wird die gesamte Saatgutmenge gründlich gemischt, denn sie hat sich durch Lagerung und Transport „entmischt". Ein kleiner Teil des Samens wird für später zum Nachsäen aufgehoben. Man erhält leider nie wieder exakt die gleiche Mischung, auch bei gleichem Namen nicht.

Wer einen Düngerstreuer hat, kann die Aussaat damit versuchen. Um herauszufinden, wie viel Saatgut man mit diesem ausbringt, fährt man probeweise mit dem Streuer über den Gehweg. Anschließend wird ein Quadratmeter zusammengefegt und die Menge gewogen. Auf diese Weise lässt sich die Saatgutmenge pro Quadratmeter bestimmen. Wer mit der Hand säen muss, streut erst einmal entlang der zukünftigen Rasenkante mit drei Fingern den Samen etwas dichter aus, als später auf der Fläche vorgesehen ist. Nun schreitet er, wie ein Sämann auf alten Bildern, über die geebnete Fläche und streut den Samen mit großem Schwung aus der halb geöffneten Hand. Danach folgt quer zur ersten Richtung noch einmal ein Saatgang. Wer sich das nicht zutraut, kann vorher mit Sand üben.

RASEN EINARBEITEN

Ist der Samen ausgebracht, streut man noch 60 g Hornspäne pro Quadratmeter aus. Nun wird eingeharkt. Wer keine Saatharke hat, kann sich diese bestimmt beim Saatgeschäft, wie auch die Walze, ausleihen. Ist der Samen samt Hornspäne eingeharkt, wird gewalzt. Beim Harken auftretende Steine oder Wurzeln werden auf der Fläche festgetreten, nicht entfernen, sonst entstehen wieder Löcher. Wer keine Walze hat bindet sich kleine Bretter an die Füße und tritt die Fläche fest. Nun wird gewässert. Es darf aber nur so viel Wasser, wie bei einem Nieselregen herunterkommt, ausgebracht werden. Bei trockener Witterung wiederholt man das jeden Abend.

Der Samen muss sehr gleichmäßig ausgestreut werden, niemals bei Wind.

Nach dem Einharken wird die Saat angewalzt, am besten zieht man die Walze.

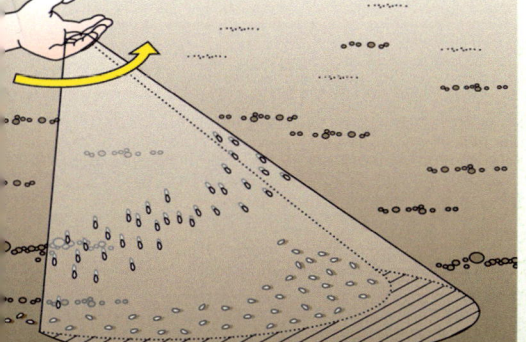

Laub kann für unsere Nützlinge auf dem Rasen bleiben, wenn der Wind es nicht zu Haufen aufgetürmt hat.

RASEN – DER ERSTE SCHNITT

Nach elf Tagen legt man sich wieder auf den Bauch und schaut über die Fläche, dann entdeckt man einen grünen Schimmer. Mit der Hand kann man dicht über die Oberfläche fahren, sie fühlt sich an wie ein unrasierter Mann. Wenn sich die Grashalme oben umbiegen, ist es Zeit für den ersten Schnitt. Dann wartet man, bis sich die Halme wieder oben umbiegen, und mäht das zweite Mal. Abschließend kann man die Fehlstellen mit dem zur Seite gelegten Rasensamen ausbessern.

RASEN – DER LETZTE SCHNITT

Meist hat es Anfang November richtig gefroren, sodass das Gras aufhört zu wachsen. Danach sollte der letzte Schnitt, etwa 4 cm hoch, vorgenommen werden. Ist der Rasen zu diesem Zeitpunkt nicht sattgrün,

ist er unterernährt. In diesem Fall muss noch eine schwache Düngung vorgenommen werden. Der Rasen übersteht den Winter besser, wenn er nicht hungert. Man streut pro Quadratmeter 5 g Hornmehl aus. Keine synthetischen Dünger verwenden, da diese im Winter nur ausgewaschen werden.

Fehlstellen werden im Rasen erst nach dem zweiten Schnitt ausgebessert.

SPÄTER RASEN

Auch im Oktober kann neuer Rasen noch ausgesät werden! Das Laub bleibt als Schutzschicht für die Nützlinge liegen. Es dient als Nahrung für die Regenwürmer. Allerdings sollte auf der Rasenfläche nicht hoch vom Wind aufgetürmtes Laub ver-

bleiben. Umgekehrt gilt: Wer im Sommer viele Läuse haben möchte, „fegt" seinen Garten ordentlich sauber. Nur auf den Wegen muss das Laub beseitigt werden. Man kann beobachten, dass das Laub plötzlich aussieht, als würde es aufrecht stehen. Verursacher ist der Regenwurm, der es in die Erde zieht.

Gartenpraxis im *September*

Für den Gärtner ist der September der beste **Urlaubsmonat,** da in diesem Monat am wenigsten Gartenarbeit anfällt. Im Ziergarten können nun **Blumenzwiebeln in kleinen Tuffs** gesteckt werden, das sieht dann später aus, als wären sie selbst dort aufgegangen. Neuer Rasen kann ausgesät werden. Im Gemüsegarten kommen die **Wintersteckenzwiebeln** ins Beet. Diese müssen mit einem Netz geschützt werden, sonst holen sie die Rabenkrähen. **Mehrjährige Kräuter,** wie

Berg-Bohnenkraut, Melisse, Pfefferminze, Salbei, Oregano und Schnittlauch, werden **gepflanzt**, eventuell **geteilt**. Bei dieser Gelegenheit sollte man gleich einige eintopfen, damit man im Winter auch frische Kräuter ernten kann. Vor allem lohnt sich dies beim Schnittlauch. **Rhabarber** kann **umgepflanzt** werden. Dieser darf dann im nächsten Jahr nicht geerntet werden. Aus diesem Grund sollte man nicht alle Pflanzen im selben Jahr umpflanzen.

Es wird auch Zeit, die Grube für das **Hügelbeet auszuheben.** Werden die Vorbereitungen rechtzeitig begonnen, kann man bereits im Herbst Gartenabfälle in der Grube loswerden. Da man Hügelbeete mindestens sechs Jahre lang behält, empfiehlt es sich, an den Seiten die späteren Wege mit Brettern oder Gehwegplatten zu fixieren. Die Grube muss 1,80 m breit sein, sonst erreicht das Hügelbeet nicht die gewünschte Höhe. Die Länge richtete sich nach dem zu erwartenden Material. Man kann natürlich auch etwas vom Nachbarn mit abnehmen.

Winterschutz für Topf und Kübel

Auch vor dem Balkon und der Terrasse macht der Winter nicht halt. Frostempfindliche Pflanzen werden herein geholt. Die frostfesten Pflanzen werden am Ballen so eingepackt, dass der Erdballen nicht durchfrieren kann, wegen der Wasseraufnahme.

Was Großvater noch wusste

Erfahrungsgemäß kommt Mitte Oktober in unseren Breiten der erste Frost. Meist ist um den 15. Oktober herum mit leichtem Nachtfrost zu rechnen. Da anschließend oft noch eine längere Periode mit frostfreiem Wetter folgt, lohnt es sich, einige Kulturen wie Tomaten, Salat, Rote Bete sowie die Sommerblumen mit einer Folie zu schützen. Alle Gemüse, außer Wurzelgemüse, werden leicht mit Folie oder einer alten Decke abgedeckt. Balkonkästen und Pflanzkübel sowie kleine Sommerblumenbeete kann man ganz einfach mit einer Folie schützen. Mein Tipp: Bei Balkonkästen eine feuchte Zeitung nehmen.

LANGE FREUDE AM PFLANZENSCHMUCK

Wer rechtzeitig vor dem ersten Frost die Balkonkästen und das Blumenbeet mit Zeitungspapier oder Folie schützt, kann noch lange Freude am Blumenschmuck haben. Auf dem Balkon muss man die Folie etwas anbinden, sonst weht sie der Wind über Nacht weg. Oft reicht es aus, wenn man ein wenig feuchtes Zeitungspapier auf die Pflanzen legt.

Noppenfolie – guter Winterschutz für Kübelpflanzen. Die Matte gibt zusätzliche Wärme.

WINTERQUARTIERE FÜR KÜBELPFLANZEN

Man kann viele der Balkonpflanzen überwintern, indem man die ganzen Kästen oder Kübel frostfrei, aber hell aufstellt. Manchmal eignen sich Garagen oder Dachböden. Keller nur, wenn auch Tageslicht hineinscheint. Man kann aus Platzgründen die Pflanzen auch aus ihren Gefäßen nehmen. Sie werden nur ganz selten gegossen, aber Achtung: nicht austrocknen lassen. Im März kümmert man sich wieder intensiver um die Pflanzen. Im April werden sie wieder gestutzt und neu mit Wasser und Dünger versorgt.

Langsam wird es auch bei dieser bunten Herbstbepflanzung Zeit für einen Winterschutz.

Gartenpraxis im *Oktober*

Allerhöchste Zeit wird es, die Zwiebeln der **Frühjahrsblüher in die Erde** zu bringen. Die Zweijahresblumen sollten nun ihren endgültigen Platz haben. **Bäume und Sträucher** mit Ballen kann man schon jetzt **pflanzen.** Pflanzen ohne Ballen sollte man erst Mitte November pflanzen, da sie dann eine bessere Anwachschance haben. Besonders die **immergrünen Pflanzen** haben zu wenig Wasser. Sie dürfen auf keinen Fall trocken in den Winter gehen. Topf- und Kübelpflanzen überwintern, Knollen von Dahlien, Gladiolen und Canna einlagern. Den **Rasen** zum letzten Mal in diesem Jahr mähen. Der Monat wird als Goldener Oktober bezeichnet, nicht nur wegen des schön gefärbten Laubes, sondern auch wegen der **Ernte,** die man **einlagern** kann. **Gemüseabfälle** bleiben bis zum Umgraben auf dem Beet. Bei trockenem Wetter können noch **Samen für die Weitervermehrung** geerntet werden. **Feldsalat und Spinat** zur Frühjahrsernte können noch ausgesät werden. Wo das Land frei ist und man keinen Spinat oder Feldsalat aussäen will, kann man **Winterroggen** als Gründünger aussäen. Mitte des Monats müssen die **Leimringe** bei Obstbäumen gegen den Frostspanner angelegt werden. Die verschiedenen **Apfelsorten** werden entsprechend ihrer **Pflückreife** geerntet, sie lassen sich zu **Dörrobst** weiterverarbeiten, welches sehr lecker schmeckt.

Herbstgemüse

*Kein Gärtner braucht es im Herbst im Gemüsegarten eilig haben. Lediglich die Sauber-
männer fangen schon im September an, den Garten aufzuräumen. Um die empfindlichen
Gemüse, wie Gurken, Tomaten und Kürbis muss man sich allerdings kümmern.*

Was Großvater noch wusste

Einige Gartenfreunde ziehen ihre
Steckzwiebeln für das nächste
Jahr selbst an. Wer Saatzwiebeln
ausgesät hat, nimmt im Winter die
großen zum Verzehr. Die kleinen
werden aufgehoben, sie eignen sich
als Steckzwiebeln. Vorher sollte
man diese Zwiebeln
auf jeden Fall dar-
ren, das heißt, bei
ca. 20 bis 40 °C
trocknen. Sie schlie-
ßen dann besser ab
und im Frühjahr
hat man weniger
Schosser.

HERBSTGEMÜSE
AUSSÄEN UND PFLEGEN

Feldsalat, Herbstrettich und Spinat können
noch im September ausgesät werden. Als
Gründünger für freie Flächen eignet sich
Winterroggen. Alternativ kann die Grün-

düngung auch einmal mit Herbstspinat
versucht werden.

Herbstgemüse benötigt besonders
Feuchtigkeit, damit es den erwünschten
Zuwachs hat. Sollte im September der
Rosenkohl noch nicht genügend Röschen
angesetzt haben, kann man ihn entspitzen,
damit hört das Längenwachstum auf und
die Kraft geht in die Seitentriebe.

Auch die Wintersteckzwiebeln werden
im September gesteckt. Bei diesen Zwiebeln
hat man im nächsten Jahr, einige Wochen

**Die Kohlköpfe werden jetzt bald im Frühbeet einge-
schlagen und halten dann noch etwas.**

vor dem Stecktermin, fertig ausgebildete Zwiebeln. Sollte der Winter zu hart werden, kann man sie mit Reisig etwas abdecken. Ebenso wird der Winterwirsing später leicht geschützt.

KOHL IM FRÜHBEET

Im leeren Frühbeet ist es möglich, im Oktober auch Weiß-, Rot-, Chinakohl, Zuckerhut und Endivien einzuschlagen. Man nimmt die Pflanzen vorsichtig mit großem Ballen aus dem Beet und gräbt sie in die Erde des Frühbeetes ein. Beim Angießen sollten die Blätter nicht nass werden.

Möhren noch etwas in der Erde lassen, ein wenig Gewicht legen sie noch zu.

KNOLLEN UND WURZELN LANGE STEHEN LASSEN

Die Wurzelgemüse, wie Möhren, Rettich, Rote Bete und Sellerie, sollten so lange wie möglich in der Erde bleiben. Sie nehmen noch erheblich an Gewicht zu! Später, wenn die Fröste stärker werden, etwa Anfang November, werden sie bei trockenem Wetter geerntet und in Sand eingelagert.

GRÜNE TOMATEN IM OKTOBER

Grüne Tomaten reifen im Oktober noch nach, wenn man die ganze Pflanze verkehrt herum frostfrei aufhängt. Die Früchte verlieren jedoch an Aroma. Ohne die Verbindung zum Saftstrom aus der Erde können sie nicht den vollen Geschmack entwickeln. Der Geschmack erinnert an schlechte Ware aus dem Handel, die künstlich nachreift.

Was Großvater noch wusste

Im November wird es Zeit, die vergilbten Triebe des Spargels dicht an der Erde abzuschneiden. Das Kraut darf nicht im Garten kompostiert werden, da sonst der Spargelrost und das Spargelhähnchen zu sehr verbreitet werden. Wer es anderweitig nicht entsorgen kann, sollte es häckseln und das Häckselgut in einen Plastiksack, der zugebunden wird, bis zum nächsten Herbst lagern, dann ist es Humus. In diesem Sack finden Zersetzungsvorgänge statt, die auch den schlimmsten Pilz vernichten.

Die angeblich abschreckende Wirkung des Knoblauchs (siehe Abb.) auf Pilze oder tierische Schädiger gehört ins Reich der Sagen. Nach jahrzehntelanger Beobachtung komme ich zu dem Schluss, dass Knoblauch keinerlei Einfluss auf die Kultur hat. Allerdings wächst Knoblauch sehr gut zwischen Erdbeeren, weil er da keine Verletzung der Wurzel erleidet. Wie alle Zwiebelpflanzen braucht auch der Knoblauch Ruhe im Boden. Die feinen Adventivwurzeln dürfen nicht verletzt werden. Natürlich konnte auch ich beobachten, dass es dort, wo Knoblauch angebaut und gelagert wird, garantiert keine Vampire gibt.

NEUER KNOBLAUCH

Im September wird der Knoblauch gesteckt. Hierfür eignet sich am besten eine große, gut entwickelte Zwiebel. Man teilt sie in die einzelnen Zehen. Der Knoblauch will einen ruhigen Platz, wo er ungestört bis zum Juli nächsten Jahres wachsen kann. Der beste Platz ist zwischen den Erdbeeren oder im Rosenbeet. Die Zehen werden aufrecht – doppelt so tief, wie sie lang sind – gesteckt. Achtung! Es muss darauf geachtet werden, dass sie auf jeden Fall richtig herum gepflanzt werden.

Im Juni helfen uns die starken Stängel, an denen die Brutzwiebeln sitzen, das Netz gegen den Vogelfraß zu halten. Die kleinen Brutzwiebeln kann man im September auch auf einem separaten Beet kultivieren, es entwickeln sich aber keine großen Zwiebeln bis zum nächsten Jahr. Nimmt man die so neu kultivierten Zehen, erhält man im Jahr darauf wieder große Knoblauchzwiebeln.

Knoblauch wird so tief gesteckt, wie er selber hoch ist.

NUR DIE HARTEN BLEIBEN IM GARTEN

Einige Wurzelgemüse können, gut geschützt, noch im November eine gewisse Zeit auf dem Beet verbleiben. Pastinaken, Schwarzwurzeln und Feldsalat sollten mit Laub etwas bedeckt werden, sodass man auch bei Frost weiterernten kann. Unter einer Laubschicht friert der Boden niemals so tief, wie wenn er nicht mit Laub bedeckt ist. Wenn kein extremer Frost vorherrscht, können Sie den ganzen Winter über an Ihr Gemüse. Bei den Schwarzwurzeln muss man aufpassen, dass man sie auch ganz aus der Erde heraus bekommt. Wenn der Feldsalat etwas hochfriert, braucht er nur wieder in die Erde gedrückt werden. Zum Einschlag von Kohl, Chinakohl und Endivien eignet sich das Frühbeet. Wenn einige Möhren oder Pastinaken stehen gelassen werden und sie im nächsten Jahr zur Blüte kommen, freut man sich nicht nur über die schönen Doldenblüten, sondern hilft auch den Insekten.

LECKERE KÜRBIS-HACKFLEISCH-TORTE

Einen Kürbis, der gerade in die Backröhre passt, wäscht man sauber ab, denn die Schale wird mitgegessen. Einen Deckel abschneiden und die Kerne mit dem losen Fruchtfleisch herausnehmen. Nun kommt eine Füllung mit stark gewürztem Hackfleisch oder eine gut gewürzte Körnerfüllung hinein. Den Deckel wieder aufsetzen und zwei Stunden bei 200 °C backen und dann viele Leute zum Essen bitten. Der Kürbis kommt ganz auf den Tisch und wird wie eine Torte in Stücke geschnitten. Die Schale wird mitgegessen.

Gartenpraxis im November

Der November lässt dem Gartenfreund keine Zeit für traurige Gedanken. Von wegen dunkler, trüber Monat und so. Klar kann man abends nicht mehr viel im Garten machen, aber umso mehr am Wochenende. Wer in seinem Garten große **Koniferen (Nadelgehölze)** hat, sollte den Gärtnern das Grün anbieten, denn sie haben jetzt den größten Bedarf. Es kann immer noch **Winterroggen als Gründünger** ausgebracht werden. Auch im November sollte an frostfreien Tagen das Absuchen der **Schnecken** unter Brettern nicht vernachlässigt werden. Bierfallen wirken aufgrund der kühleren Temperaturen ein paar Tage länger als im Sommer. Im November ist **Pflanzzeit** und **Rückschnitt** für Obstbäume und Ziergehölze. Zum **Umgraben** ist der November der richtige Monat. **Bodenproben** für eine Bodenuntersuchung können genommen und eingeschickt werden. **Wurzelgemüse** kann mit einer Laubschicht bedeckt noch auf den Beeten bleiben.

Erntesaison für Äpfel und Birnen

Die Ernte der Äpfel und Birnen ist ein Fest für die ganze Familie. Es macht Spaß, die Pracht einzusammeln und zu lagern. Leider sieht man immer häufiger, dass Gartenfreunde ihre Äpfel nicht ernten. Sie sollten sie den örtlichen Tafeln geben.

PFLÜCKEN UND GENIESSEN

Die Apfel- und Birnensorten haben eine unterschiedliche Pflückreife. Lassen sich die Früchte mit einer leichten Drehung abbrechen oder sind die Samenkörner braun verfärbt, kann man mit der Ernte beginnen. Die späten Sorten, wie Boskoop, Ontario und Melruose, können leichte Fröste vertragen und bekommen noch ein besseres Aroma, wenn man sie länger hängen lässt. Der Gartenfreund erkennt mit den Jahren welche Pflückzeit für seine Obstsorten die beste ist. Die Pflückreife ist selten auch die Genussreife. Die Früchte werden in flachen Kisten gelagert. Sehr lange können sie so noch in der Gartenlaube bleiben. Dabei am Anfang öfter kontrollieren, da man Fäulnispilze mit einschleppen kann. Bei Frost die Früchte nicht anfassen, da die Zellen von dem Druck platzen und sie sonst fleckig werden. Besser ist es, gleich zu vermeiden, dass die Äpfel Frost abbekommen. Wer in seinem Garten mehr Obst erntet, als er selbst verbraucht, kann es an die örtlichen Tafeln abgeben.

Birnen

Sorten für Hobbyanbau	Pflückreife	Genussreife
Bosc`s Flaschenbirne	IX – X	X
Condo	IX	lagerfähig
Conference	IX	IX – IV
Frühe von Trevoux	VIII	VIII
Gellerts Butterbirne	IX	IX – X
Gorham	IX	IX – XI
Konferenzbirne	IX	sofort
Madame Verte	X	X – I
Neue Poiteau	IX	IX – XI
Phillippsbirne	IX	XI/X
Rote Dechantsbirne	IX	XI/X
Williams Christbirne	VIII	sofort

GUT EINGEPACKT ÜBER DEN WINTER

Rauschalige Äpfel, wie Boskoop und Landsberger Renette, die sich bis zum Winterende halten sollen, packt man ein. Jeder Apfel, natürlich nur die gesunden aussuchen, wird einzeln in Zeitungspapier eingewickelt. Die Äpfel werden dann in Kisten gestapelt. Sie können ruhig in fünf oder sechs Lagen übereinanderliegen. In der Gartenlaube braucht man nur bei starkem Frost eine alte Decke über den Apfelstapel legen. Wenn in der Kiste ein Apfel fault, steckt er die anderen nicht an. Benötigt man die Äpfel im Februar oder März, nimmt man so viel heraus, wie man verwenden möchte. Bei der Entnahme merkt man bereits beim Anfassen, ob ein Apfel verfault ist. Man braucht sie also nicht einzeln auswickeln.

Äpfel

Sorten für Hobbyanbau	Pflückreife	Genussreife	Sorten für Hobbyanbau	Pflückreife	Genussreife
Aldingers Georg Cave	VII	sofort	Kaiser Wilhelm	IX/X	XI – III
Altländer Pfannkuchen	X	III	Klarapfel	VII/VIII	sofort
Berner Rosenapfel	IX	XI – III	LandsbergerRenette	IX/X	XI – III
Biesterfelder Renette	IX	X – XII	Littauer Pepping	X	XII
Boikenapfel	X	II – V	Lohrer Rambur	X	XI – III
Boskoop	X	XI – IV	Maunzenapfel	X	XI – III
Clivia	X	XII – IV	McIntosh Black	X	X – XII
Croncels	IX	X	McIntosh Rogers	IX	sofort – XII
Danziger Kantapfel	IX	X – I	Mutterapfel	IX	XI – I
Dülmener Rosenapfel	IX	IX – XII	Ontario	X/XI	XII – IV
Elstar	IX/X	IX – III	Pikolo	IX	XI – III
Finkenwerder Prinzenapfel	X	I – II	Pilot	X	II – VI
Florina	X	IX – III	Pinova	X	II – V
Goldparmäne	IX/X	X – II	Piros	VIII	sofort
Grahams Jubileumsapfel	IX/X	X – XII	Prinz Albrecht v. Preußen	IX/X	XI – I
Gravensteiner	VIII/IX	VIII/IX	Reanda	IX	X – II
Hauxapfel	X	sofort	Reglindis	X.	X – XI
Himbeerapfel	X	XI – II	Relinda	X	XI – III
Horneburger Pfannkuchen	IX/X	I – III	Rewena	X	XI – II
Ingol	X	bis III	Rote Sternrenette	X	XI – I
Jacob Fischer	IX	bis IX	SigneTillisch	IX	IX – XII
Jacob Lebel	IX	X – I	Stark Earlist	VII	VII/VIII
Jamba	VIII/IX	bis X	Tumanga	IX/X	X – XII
James Grieve	VIII/IX	sofort	Wiltshire	X	XI – XII
Jona Gold	IX/X	XII – IV	Zuccalmaglio	X	XI – IV

Einen Obstbaum pflanzen

Luther sagte: „Wenn ich wüsste, dass morgen der Herr wiederkommt, würde ich heute einen Baum pflanzen." Eine Volksweisheit lautet: „Ein Mann soll in seinem Leben einen Sohn zeugen, ein Haus bauen und einen Baum pflanzen." Letzteres ist wohl das Einfachste.

PLATZ FÜR OBSTBÄUME

Im November ist die beste Pflanzzeit für Obstbäume. Die kleinen Bäumchen sollten jedoch nicht unterschätzt werden. Jedes Bäumchen wird zum Baum. Abgesehen vom Grenzabstand, den die Gartenordnung oder das Nachbarschaftsrecht regelt, sollte der Platzbedarf der einzelnen Bäume beachtet werden. Die verschiedenen Birnbäume werden in der nachfolgenden Tabelle nicht aufgeführt, für sie gilt generell: Sie benötigen immer einen Meter weniger Abstand als bei den Apfelbäumen angegeben wurde, da die Krone kleiner bleibt.

DIE RICHTIGE BAUMWAHL

Man sollte sich in der Familie einig sein, welche Obstart man pflanzen will. Bevor die Baumschule aufsucht wird, muss man folgende Überlegungen machen: Beim Apfel sollte man sich Gedanken machen, ob er hart, weich, saftig, knackig, mehlig, süß oder sauer sein soll. Jetzt wird die Baumform überlegt: Soll es ein Hoch-

Geeignete Obstbäume

Baumform	Obstart	Abstand
Hoch- und Halbstämme	Apfel	8 – 10 m
Hoch- und Halbstämme	Pflaume	8 m
Buschbäume	Apfel	5 m
Spindeln	Apfel	3 m
Halbstamm	Süßkirschen	10 m
Halbstamm	Sauerkirschen	5 m
Halbstamm	Pfirsiche	5 m

Im Garten sollte man immer einen Halbstamm als Familienbaum haben.

oder Halbstamm sein? Ein Familienbaum mitten im Garten, unter dem jeder sitzen oder liegen kann? Oder wo der Kaffeebesuch gemütlich durchgeführt wird? Soll es ein Busch- oder Spindelbaum sein? Dieser ist kleinwüchsig und durch seinen kleineren Umfang kann man mehrere Sorten auf den Platz eines Hochstammes setzen. Oder soll es Spalier sein, aus Freude am Gestalten?

Jetzt sollte auch noch überlegt werden, wann man den Apfel essen möchte, soll er schon im Juli für die Enkel, die in den Ferien zu Besuch kommen, schmecken oder erst im Herbst? Vielleicht will man ihn auch erst nach Weihnachten verbrauchen.

Am besten schreibt man sich einen Zettel. Nun kommt das Allerwichtigste! Was habe ich für einen Boden? Ist er schwer oder leicht? Man nimmt eine Handvoll Erde und formt sie zu einer Wurst. Lässt sie sich nicht formen und zerfällt gleich wieder, habe ich einen leichten Sandboden. Kann ich gar die Erde zur Wurst formen und noch modellieren, dann habe ich einen schweren Boden. Vielleicht ist meine Probe auch irgendwo dazwischen. Mit all diesen Informationen gehe ich zur Baumschule. Der Baumschulist kann mir nun aufgrund der Informationen die richtige Sorte mit der richtigen Baumform und auch noch mit der richtigen Unterlage (Wildling) aussuchen. Die Unterlage steuert Wuchskraft und Frostfestigkeit und beeinflusst die Standfestigkeit und die Stammbildung. Suchen Sie sich immer eine zweijährige Veredlung aus, das ist ein Baum, der dann zügig weiterwächst. Der Baumschulist berät Sie auch in Hinblick auf neue, krankheitsresistentere Sorten.

So viele schöne Äpfel reizen dazu noch einen Baum zu pflanzen.

VOM UMGANG MIT EINGETOPFTEN BÄUMEN

Hände weg von Ladenhütern, die eingetopft sind! Wenn man einen Baum geschenkt bekommt, der schon im Topf ist und Sie möchten den Schenker nicht beleidigen, indem Sie den Baum gleich wegwerfen, dann müssen Sie Folgendes machen: Der Topf kommt vom Wurzelballen. Die Wurzeln werden vorsichtig auseinandergefummelt. Diese haben sich nämlich im Topf immer umgewickelt und somit einen Bonsaieffekt hergestellt, den der Baum im ganzen Leben nicht mehr verliert, so dass er immer ein kleiner Krüppel bleibt. Der Baum wird mit seinen befreiten Wurzeln in eine ausreichend große Pflanzgrube gestellt und eingeschlämmt. Die Krone muss unbedingt so geschnitten werden, dass sie mindestens die Hälfte der Äste dabei verliert, sonst hat die Pflanze Anwachsschwierigkeiten.

Man benötigt gutes Werkzeug, um einen Baum zu pflanzen.

Kleine Bäume benötigen oft lange einen Pfahl.

8 cm Durchmesser, auf keinen Fall einen Blumenstab oder eine dünne Metallstange. Der Sinn des Baumpfahles ist, dass sich die Pflanze nicht im Wind bewegt und ununterbrochen die feinen Faserwurzeln abreißen. Der Pfahl kommt an die Windseite der Pflanze. Er sollte bis in die Krone des Baumes reichen.

OBSTBÄUME ERNÄHREN

Beim Pflanzen kommt keinerlei Dünger in die Erde. Der Baum soll hungrig stehen, damit er schnell Wurzeln bildet um sich Nahrung zu suchen. Allenfalls kann man etwas alten Kompost mit einmischen, wenn die Erde wenig Humus hat. Das Pflanzloch muss nun mit der Erde locker gefüllt werden, dabei schüttelt man etwas den Baum, damit Erde zwischen die Wurzeln gerät. Nun muss eingeschlämmt werden. Wenn das Wasser vom Einschlämmen einigermaßen abgezogen ist, tritt man den Baum noch fest. Im Winter bei offenem Wetter bekommt er immer wieder einmal einen Eimer mit Wasser.

BÄUME PFLANZEN

Wird ein Baum noch transportiert, so geschieht dies nicht auf dem Autodach mit der Wurzel im Wind. Diese muss zumindest eingepackt sein. Im Garten wird die Wurzel noch eine Stunde in die Regentonne gestellt. Das Pflanzloch muss so groß sein, dass der Wurzelballen bequem hinein passt. Auf jeden Fall darauf achten, dass die Veredlungsstelle aus der Erde hinausschaut. Das Edelreis würde sonst Wurzeln bilden und die eigentliche Aufgabe der Unterlage wäre vorbei. Man spricht dann davon, dass der Baum sich frei gemacht hat.

Die Bäume bekommen einen Pfahl, der vor dem Pflanzen eingeschlagen wird, da sonst die Wurzeln beschädigt werden. Man nimmt einen Holzpfahl von mindestens

PFLANZSCHNITT NICHT VERGESSEN

Der Pflanzschnitt darf nicht vergessen werden. Wurzeln, die geknickt sind oder endlos lang, werden eingekürzt. Wobei der Schnitt parallel zur Erde geschehen muss, dann bilden sie schnell neue Wurzeln. Die oberirdischen Teile bei Bäumen und Sträuchern sollen nicht wesentlich mehr Masse haben als die Wurzeln. Darauf bedacht sein, möglichst ein Gleichgewicht herzustellen. Die Verdunstung im Sommer ist zu groß, wenn der Baum seine vielen Zweige behält. Zu kleine Wurzeln können dann nicht genug Wasser nachliefern. Darauf achten, dass der Baum nur drei Äste in der ersten Etage behält, sonst wird er später zu dicht. Die Mitte kürzt man bei niedrigen Bäumen bei 45 cm ein und bei hohen Bäumen lässt man 60 cm stehen. Dabei sollte die oberste Knospe in die Hauptwindrichtung zeigen.

BÄUME ANBINDEN

Mit Kokosstrick wird der Stamm angebunden und zwar so, dass der Strick eine Acht bildet, so kann der Baum sich nicht am Pfahl reiben. Der Strick muss am Pfahl angenagelt werden, damit er nicht

Was Großvater noch wusste

Wer alte Sorten von Obstbäumen erhalten will und sich selbst nicht zutraut, eine Veredlung vorzunehmen, sollte im November mit einer Baumschule Verbindung aufnehmen. Diese übernimmt das Veredeln gerne für Gartenfreunde. Adressen finden Sie im Anhang ab Seite 128. Bäume und Sträucher kauft man am besten nur in einer Baumschule.

verrutscht. Bei Obstbäumen achtet man darauf, dass jedes Jahr nur eine Etage der Zweige aufgebaut wird, es dürfen immer nur drei Leitäste pro Etage erzogen werden.

Baumpflanzung:
(1) Pflanzloch ausheben und lockern. (2) Baum vor der Pflanzung gut wässern. (3) Veredelungsstelle liegt über dem Boden! (4) Beschädigte Wurzeln einkürzen. (5) Baum einpflanzen; Gießrand ziehen. (6) Gut angießen.

Obstgarten: gesund in den Winter

Im herbstlichen Obstgarten gibt es allerlei zu tun. Die Wespen schwirren herum. Die Äpfel auf dem Boden sind angenagt. Werden sie von oben angefressen, sind es Mäuse, werden richtige Löcher in die Früchte gehackt, so sind es Vögel.

HIMBEEREN WINTER-FEST MACHEN

Die abgeernteten Himbeerruten werden im September ausgeschnitten. Sie tragen nur einmal. Man kann sie leicht an den alten Fruchtständen und an der dunkleren Farbe der Ruten erkennen. Bei den jungen Trieben muss darauf geachtet werden, dass sie nicht zu dicht stehen. Pro laufenden Meter reichen fünf gut entwickelte Ruten. Besser ist es, man stellt die Himbeeren auf Herbstsorten um, die man jedem guten Gärtnerkatalog entnehmen kann, weil diese keine Krankheiten und Würmer bekommen. Die Ruten der Herbsthimbeeren werden nach dem ersten Frost im Oktober ganz dicht am Boden abgeschnitten.

BROMBEEREN AUSSCHNEIDEN

Nach der Ernte werden die Brombeeren geschnitten; die rankenlosen dünnt man auf fünf Triebe pro Meter aus. Bei den rankenden Sorten werden junge Triebe genommen und übersichtlich angebunden. Wenn genug Triebe vorhanden sind, nimmt man die alten ganz heraus. Einkürzen der Triebe kann man vornehmen. Die Triebe werden so geschnitten, dass sie nicht frei in der Luft hängen. Damit sich die Ranken verzweigen, reicht es bereits aus, sie um 1 bis 2 cm zu verkürzen. Sollte jedoch genügend Platz vorhanden sein, ist es nicht nötig. Wenn man Ruten einkürzt, dann nicht so stark, sie treiben sonst zu starke Seitentriebe. Immer darauf achten, dass noch Platz zum Pflücken bleibt.

GEGENSPIELER FÜR DIE BROMBEERGALLMILBE

Oft werden die Beeren der Brombeeren nicht richtig reif, einzelne der kleinen Kugeln an der Frucht bleiben grün oder werden nur rot. Die Pflanze ist von der Brombeergallmilbe befallen. Es sollten die Früchte, die sich nicht richtig entwickelt haben, gepflückt werden. Diese kann man noch zu Saft verarbeiten. Durch das Abpflücken wird dem Befall durch die Brombeergallmilbe im nächsten Jahr vorgebeugt. Es gibt kein zugelassenes Mittel gegen diesen Schädling im

Leimringe helfen uns gegen Frostspanner. Sie müssen regelmäßig kontrolliert werden.

Wenn die letzten Brombeeren geerntet sind, wird der Strauch im Garten zurückgeschnitten.

Hobbygarten. Auf jeden Fall muss immer eine Mulchschicht vorhanden sein, denn dann können sich Gegenspieler ansiedeln. Es werden sich wahrscheinlich Nematoden einstellen, die die Milbe befallen.

LEIMRINGE KONTROLLIEREN

Die Leimringe müssen im November daraufhin kontrolliert werden, ob nicht der Wind Lücken gerissen hat oder Laub eine Brücke bildet. Sollte es schon einmal kräftig gefroren haben, um die –15°C, dann können sie auch entfernt werden.

NASCHEREIEN FÜR DEN WINTER

Aus Fallobst kann man Dörrobst machen. Entweder besorgt man sich einen Trockenapparat oder man versucht es bei schwacher Wärme in der Backröhre. Die Äpfel werden geschält, das Kerngehäuse entfernt. Dünne Scheiben schneiden und auf ein Gitter legen. Im Backofen benötigen sie zum Trocknen zwei bis drei Stunden auf der niedrigsten Stufe (max. 50 °C), im

Trockenautomat auf der mittlere Stufe den ganzen Tag. Eine Anschaffung lohnt sich!

Was Großvater noch wusste

Es darf auf keinen Fall etwas, was verrotten kann, aus dem Garten entsorgt werden. Auch Strauchwerk kann man als Haufen für den Igel aufschichten. Sollten kranke Zweige anfallen, so häckselt man sie und gibt sie in einen Plastiksack. Die Zweige müssen nicht verbrannt werden. Der Sack bleibt im Sommer in der Sonne stehen. Da fermentiert und gärt es drin. Im Herbst ist dann jede Krankheit erledigt. Selbst sehr gefährliche Krankheiten, wie Spitzendürre und Rotpustelkrankheit, werden im Plastiksack vernichtet. Das beliebte Wegfahren zum Recyclinghof lässt unsere Gärten immer mehr verkümmern und die Pflanzen hungern.

Winter

*Von wegen im Winter nichts zu tun. Was noch alles
liegen geblieben ist! Auch wenn man keine Lust hat bei der Kälte,
die Arbeit muss fertig werden.
Also ab, noch einmal in den Garten.*

Erholsamer Wintergarten

Nun kann man mal die Ruhe im Wintergarten genießen. Der Raureif auf den Zweigen bringt schon adventliche Stimmung. Der Vogel, der Futter sucht, ist gar nicht so scheu. Ein paar Zweige, die man mit nach Hause nimmt, kündigen den Frühling an.

DEN GARTEN NICHT VERGESSEN

Adventszeit, Hektik, Unruhe auch für Gartenfreunde. Dabei hatte man sich doch vorgenommen, diesmal eine besinnliche und ruhige Vorweihnachtszeit zu erleben. Bei allem Betrieb darf man auch den Garten nicht vergessen. Zumindest muss man einmal vorbeischauen und nachsehen, ob ungebetene Gäste oder der Wind Schaden angerichtet haben.

Was Großvater noch wusste

Es ist immer gut und nützlich, sich mit dem Gartennachbarn gut zu verstehen. Mit ihm kann man besprechen, wer welche Aussaaten bei Gemüse und Blumen macht. Die Pflanzen werden dann geteilt und man spart Kosten.

FRISCHES GRÜN IM WINTER

Viele Zweige eignen sich auch als „Barbarazweige". Die arme Heilige, deren Tag man am 4. Dezember feiert, hatte damit gar nichts zu tun. Die Leute besaßen früher keine Kalender und teilten ihre Tage nach den Heiligen ein. Das Datum hat auch mit der Treibfähigkeit eines Gehölzes nichts zu tun. Wichtig ist, dass die Zweige eine gewisse Zeit niedrigen Temperaturen ausgesetzt sein müssen, damit das Leben in den Zellen in einen Ruhezustand kommt. In normalen Jahren ist dies am 4. Dezember soweit. Schneidet man sie an diesem Tag ab, blühen sie an Weihnachten. Wer so viele Zweige hat, dass er nicht alle in einer Vase unterbringt, kann diese auch im Freien in einem Eimer mit Wasser aufbewahren und sie nach und nach zur Zierde ins Wohnzimmer bringen. Damit bei eventuellem Frost der Eimer nicht kaputtgeht, nehme man einen Plastikeimer. Die Zweige werden etwas länger geschnitten, als man sie letztendlich haben möchte. Im Wassereimer werden die Stängel bei längerer Lagerung oft unansehnlich und können auch mal nach dem faulen Wasser riechen. Möchte man dann einige Sträucher im Haus haben, werden die unteren leicht faulen Stängel abgeschnitten. Verschenkt man die Zweige, die im Blumengeschäft im Winter viel Geld kosten, kann man jemandem eine große Freude machen. Achtung! Es empfiehlt sich, die Zweige irgendwo anzubinden, damit der Eimer bei Wind nicht umkippt.

DEN KOMPOST UMSETZEN

Im Dezember kann in Ruhe der Kompost umgesetzt werden. Der alte Haufen wird durchgesiebt. Erde, die man nicht gleich ausbringt oder für die Jungpflanzenanzucht aufheben will, sollte gegen Regen abgedeckt werden.

ERHOLSAME KONTROLLE

Wer meint, im Januar gäbe es im Garten nichts mehr zu tun, irrt ganz gewaltig. Bei älteren Gartenfreunden kommt es sicher immer wieder vor, dass im Herbst nicht alles erledigt werden konnte, was eigentlich getan hätte werden sollen. Ein Kontrollgang zum Garten ist immer erforderlich. Gab es vielleicht ungebetenen Besuch? Kann man eventuell endlich das Loch entdecken, durch welches das Kaninchen immer schlüpft? Man kann diesen Gang mit einem erholsamen Spaziergang verbinden.

In der Gartenlaube sollten Sie überprüfen, ob Mäuse eingezogen sind. Diese können dort großen Schaden anrichten. Vielleicht findet man aber auch noch etwas zum Reparieren oder Basteln, denn nach den Feiertagen ist man doch gelangweilt.

Das Sieb darf nicht zu fein sein, damit die Struktur des Komposts erhalten bleibt und dieser optimal den Boden verbessern kann.

Was Großvater noch wusste

Wenn etwas Schnee gefallen ist, kann man an den Spuren deutlich sehen, ob Kaninchen im Garten sind und wo sie hereingekommen sind. So entdeckt man die versteckten Löcher im Zaun oder wird auf umgefallene Äste aufmerksam, die den Tieren als Brücke gedient haben und hat die Möglichkeit, diese zu entfernen, und so einfach seinen Garten Kaninchenfrei zu halten.

Tiere im Garten

Die Singvögel sind auch im Winter zahlreich im Garten. Sie benötigen eigentlich keine Fütterung. Es ist ihnen lieber, wenn man die Stängel nicht abschneidet und das Laub liegen lässt. Viele weitere fleißige Helfer unterstützen uns im Garten bei der Schädlingsbekämpfung.

VOGELFÜTTERUNG

Wichtig ist, dass der Garten nicht blitzsauber geharkt wird, sondern dass auch noch Laub liegen bleibt. Die Stängel der Sommerblumen und Stauden dienen als Nahrung und Unterschlupf für Vögel und Insekten.

Ein Futterhaus ist nicht so wichtig, da unsere heimischen Vögel die Winterfütterung eigentlich nicht benötigen. Sollten aber die Gartenfreunde Freude daran haben, die Tiere mit einem Futterhäuschen anzulocken, muss dies ohne Schaden für die Vögel geschehen. Dabei ist zu beachten, dass Futterstellen katzensicher sein müssen. Das Futter darf nicht durch Kot verunreinigt werden. Vor allem muss sichergestellt sein, dass immer Futter vorhanden ist, auch wenn der Gartenfreund nicht in den Garten gehen kann. Die Tiere haben sich an das Nahrungsangebot gewöhnt und sind verwirrt, wenn das Futter plötzlich ausbleibt. Auf keinen Fall darf angewärmtes Wasser in die Vogeltränken gefüllt werden. Die Vögel würden dann dazu verleitet, bei Frost zu baden und müssten anschließend jämmerlich erfrieren. Im Februar kann es passieren, dass die Futterplätze der Vögel noch vom Schnee frei geschaufelt werden müssen.

VOGELKÄSTEN

Vögel brauchen saubere Nistkästen. Einige Vogelarten schauen sich bereits im Februar nach dem günstigsten Brutplatz um. Die Nistkästen, die der Weihnachtsmann gebracht hat, müssen nun aufgehängt werden, natürlich katzensicher. Wenn man eine kleine Menge Säge- oder Hobelspäne in die Kästen streut, dann werden diese besser von den Vögeln angenommen. Möchte man von einer reichen Vogelvielfalt im Garten

Das Eichhörnchen ist oft Gast im Garten, aber als Nesträuber noch aktiver als Katzen.

profitieren, ist es wichtig, den Vögeln jetzt genügend Quartiere anzubieten. Bei gekauften Vogelkästen darauf achten, dass Marder und Eichhörnchen nicht hineinkommen. Das Eichhörnchen ist für Vögel der größte Feind, noch schlimmer als Katzen.

SCHILFBÜNDEL FÜR NÜTZLINGE

Im Februar kommt man bestimmt dazu, etwas für die Nützlinge zu tun. Natürlich nützt man sich damit vor allem selber. Schilfbündel oder Hölzer für Solitärwespen und Wildbienen kann man gar nicht genug im Garten aufhängen. Für die Schilfbündel werden Schilfstängel auf die Länge einer Konservendose geschnitten. Dabei ist zu beachten, dass der Knoten im Schilfrohr immer in der Mitte ist, dann können die Insekten von beiden Seiten die Hohlräume mit ihren Eiern belegen. Die Stängel werden aufrecht sehr fest in eine Blechdose gesteckt. Die letzten Stängel müssen mit dem Hammer hineingeschlagen werden. Da sie noch etwas eintrocknen, lockern sich die Stängel und fallen sonst hinaus. Die Blechdose benötigt man, um die kleinen Maden, die sich in den Stängeln entwickeln, zu schützen. Wenn die Maden im Frühjahr am Schilf knabbern und sich frei fressen wollen, hören dies die Meisen und picken die Stängel von der Seite auf. Um das zu verhindern, benötigen wir die Blechdose. Aufgehängt werden die Dosen möglichst unter dem Dachvorsprung der Gartenlaube, um sie vor Regen zu schützen. Die Himmelsrichtung ist egal.

UNTERSCHLUPF FÜR WILDBIENEN

Die Nützlinge vernichten nicht nur Blattläuse und kleine Raupen, sie helfen auch bestäuben, wenn die Honigbiene wegen schlechter Witterung nicht unterwegs ist. Wer noch nicht so richtig weiß, wie er Nisthilfen für Nützlinge herstellt, nimmt am besten eine kleine Broschüre zu Hilfe oder fragt bei anderen Gartenfreunden nach. Hölzer für Wildbienen sind sehr einfach herzustellen. Man nimmt Hartholzreste und bohrt mit verschiedenen Bohrern (2 mm bis 10 mm) Löcher in das Holz. Immer so tief wie der Bohrer lang ist. Die Bohrer müssen scharf sein, damit die Ränder der Löcher nicht ausfransen. Die Insekten messen das Loch aus und krabbeln rückwärts zur Eiablage in die Löcher. Dabei möchten sie sich nicht an abstehenden Splittern in den Hintern pieken. Die Bastelarbeiten sind eine gute Gelegenheit, mit Kindern oder Enkeln etwas gemeinsam zu unternehmen.

Aufräumen, vorbereiten und basteln

Von wegen Winterruhe: Werkzeug muss gesäubert, die Messer des Mähers geschliffen und alte Samenvorräte sortiert werden. Die eigenen Samen auspulen, die Latte an der Schuppentür wieder annageln und die Scharniere der Tür ölen. Ist das Ruhe?

Die wichtigsten Werkzeuge eines Gärtners sind Hacke, Kultivator und Grabeforke.

FROSTSICHER IN DEN WINTER

Am Anfang des Winters darf auf keinen Fall vergessen werden, Pumpen und Wasserleitungen frostsicher zu machen. Das Wasser wird abgestellt, die Wasserleitungen entleert und das Rückstauventil angehoben. Elektropumpen vollkommen entleeren, ehe sie im Gartenhaus gelagert werden. Geräte reinigen und etwas einfetten. Benzinrasenmäher müssen gereinigt werden. Auch die Zündkerze muss bedacht werden. Das alte Öl wird abgelassen und durch neues ersetzt. Vor dem Einschrauben der Zündkerze gibt man einen halben Teelöffel Motorenöl in das Loch. Die Kerze wird nicht ganz fest geschraubt. Ohne Zündkabel zieht man den Anlasser zweimal durch. Das Öl bewirkt, dass im Winter die inneren Teile des Motors nicht leiden. Sollte der Mäher im Frühjahr nicht gleich anspringen, muss man

Stauferfett oder Vaseline sind gute Fette für Werkzeug, um Rost zu verhindern.

die Kerze herausnehmen und den Ölfilm abwischen. Wer noch eine Rückenspritze für Pilzmittel oder Pflanzenstärkungsmittel hat, muss dafür sorgen, dass im Inneren sich keine Flüssigkeit befindet. Auch kleine Tropfen können Frostschäden verursachen.

EINSATZBEREIT – WERKZEUGE UND GERÄTE

Ist reparaturbedürftiges Werkzeug noch nicht überholt, wird es ab Januar höchste Zeit! Am Anfang erscheint einem der Winter noch lang und man ahnt gar nicht, wie die Zeit plötzlich davonläuft. Die Saatkisten und die Frühbeete müssen sauber gemacht und einige Werkzeuge geschärft werden. Die meisten davon kann man selbst schärfen. Wer keinen Schleifstein hat, kann auch eine kleine Handflex verwenden. Achtung: Unfallgefahr! Schutzbrille aufsetzen, Werkzeug fest einspannen. Wer seine Rasenmähermesser selbst schleift, sollte darauf achten, dass sie auch ausgewuchtet sind. Wer hierfür keine Möglichkeit hat, sollte einen Nagel in eine Wand oder Schuppentür einschlagen. Das Messer wird mit der mittleren

Öffnung auf den Nagel gehängt. Sinkt das Messer an einer Seite nach unten, so muss an dieser Schneide noch etwas abgeschliffen werden. Das Messer muss unbedingt im Gleichgewicht sein. Aus den wenigen Gramm an einer Seite zu viel werden bei den hohen Umdrehungszahlen des Motors dann gleich Kilogramm. Diese „Unwucht" beschädigt auf die Dauer den Motor. Achtung: Beim Aus- und Einbauen des Messers Schutzhandschuhe anziehen.

Was Großvater noch wusste

Wer die Zeit dazu hat, kann auch selbst Saatbänder herstellen. Alte Tapetenreste werden in schmale Streifen geschnitten und mit säurefreiem Leim bestrichen. Mit einer Pinzette legt man die Samenkörner in den vorgesehenen Abständen auf den Leim. Sind die Bänder trocken, werden sie vorsichtig aufgewickelt. Beim Auslegen in die Saatrille werden die Bänder dann angegossen, ehe die Erde drüberkommt. Noch etwas mit dem Harkenrücken festklopfen. Auch runde Saatscheiben für Tontöpfe kann man so prima herstellen.

Bodenprobe – den Boden untersuchen

Wenn der Boden längere Zeit nicht überprüft wurde, hat man im Januar Zeit und Gelegenheit, etwas Erde einzuschicken, damit man im Frühjahr weiß, was und wie viel gedüngt werden muss.

Kurze Anleitung zur Entnahme einer Bodenprobe.

Den Kalkgehalt kann man mit einem Calcittest messen, den man im Fachhandel bekommt. Ebenso erhält man dort eine Packung zum Einschicken der Erde. Man nimmt an zehn verschiedenen Stellen des Beetes, das man prüfen will, eine Probe. Man sollte Gemüsebeet, Obstanlage, Rasen und Staudenbeet getrennt untersuchen lassen. Im zu untersuchenden Beet werden mit dem Spaten zehn Löcher ausgehoben, diese sollten gut einen Spaten tief sein. An der durch den Spatenstich entstandenen „Wand" kratzt man mit einem Löffel von unten nach oben etwas Erde ab (siehe Abb. 1). Die zehn Proben werden gemischt und in einen Beutel geschüttet (siehe Abb. 2). Dieser liegt der gekauften Packung bei. Am besten schreibt man den Namen und Adresse vorher auf den Beutel, weil er sich mit Erde schlechter beschriften lässt. Der beiliegende Bogen, auf dem man seinen Untersuchungswunsch eintragen kann, wird ausgefüllt und die ganze Packung eingeschickt (siehe Abb. 3). Nach einigen Tagen bekommt man die Ergebnisse, meist mit Düngeempfehlung.

Wer düngt, ohne zu wissen was und wie viel er verwenden muss, handelt wie jemand, der einen ungeübten Schwimmer den Ärmelkanal überqueren lässt!

Hügel- und Hochbeet

In den letzten Jahren hat es sich erwiesen, dass das Hügelbeet für den Hobbygärtner nur Vorteile bringt. Eventuell auftretende Probleme im ersten Jahr mit Mäusebefall und Trockenheit können mit einer Riesel-

Wenn man alt wird erleichtern Hochbeete die Gartenarbeit.

In ein Hochbeet kann alles Mögliche, auch dickes, unbehandeltes Holz.

anlage, wie sie die Gärtner berufsmäßig in ihren Gewächshäusern verwenden, beseitigt werden. Damit wird das Hügelbeet feucht, ohne dass Erde herabrieselt und die Mäuse ziehen aus, denn sie mögen keine feuchte Wohnung. Im Oktober oder November wurde die Grube für das Hügelbeet ausgehoben. Nach und nach befüllt man diese mit Zweigen, die beim Baumschnitt anfallen. Die Zweige, darunter dürfen auch sehr kräftige sein, kommen als Kern in die Mitte der Grube. Wichtig ist, dass die Holzstücke längs gelegt werden, damit große Hohlräume entstehen. Anschließend packt man Rasensoden als Abdeckung auf den Holzkern. Auch alle Bioabfälle, wie Staudenreste, die beim Aufräumen und Winterfestmachen des Gartens anfallen können, dazugeben. Im Hochbeet werden sämtliche Schichten nicht bogenförmig gebaut sondern blei-

ben waagerecht. Das erleichtert natürlich ziemlich die Arbeit. Beim Hochbeet muss man unbedingt zwischen der Holzwand und dem Erdboden Mäusedraht anbringen. Wenn man Anfang des Jahres alles beisammen hat, werden die einzelnen Schichten festgetreten und die ausgehobene Erde wird wieder aufgebracht. Dies geschieht in Form eines Hügels. Damit die Vögel das frische Beet nicht als Tummelplatz benutzen, sollte ein Netz darübergebreitet werden. Im Hügel- und Hochbeet drücken die Pflanzen sich selbst etwas auseinander. Da man sowieso bei Mischkultur die schnell wachsenden Gemüsearten heraus erntet, erhalten die langsamer wachsenden Pflanzen rechtzeitig Platz. Weiß der Hobbygärtner erst einmal wie es funktioniert, wird er, so lange er kann, Hügelbeete bauen. Später, wenn er älter ist, baut er sich Hochbeete, da er sich ja nicht mehr so gut bücken kann.

Von Christrosen bis Eis-Begonien

Die Winterruhe im Ziergarten täuscht. In der Laubschicht verstecken sich die Nützlinge. Auch die Vögel finden immer noch etwas im Laub oder an den Zweigen. Hängengelassene Früchte sind sehr beliebt, zumal sie vom Frost genießbarer werden.

NADELBÄUME AUS DEM GARTEN RAUS

In manchen Gärten stehen noch Tannen und Fichten, die man im Dezember zum Beispiel einem Kindergarten als Weihnachtsbaum anbieten kann. Die Unsitte, die Gärten wie Friedhöfe zu gestalten, hat weit um sich gegriffen. Die meisten Koniferen (Nadelbäume) sind bei uns nicht heimisch und bereiten oft große Sorgen, da sie gerne von Pilzen und Läusen befallen werden. Nur ganz wenige Arten haben in unseren Gärten

einen ökologischen Wert. Häufig durchwurzeln sie den Boden so stark, dass andere Pflanzen nicht richtig leben können.

ES GEHT LOS – MIT PFLANZENSTECKLINGEN

Wer Platz im Wintergarten oder am Küchenfenster hat, kann im Januar schon Stecklinge von Fuchsien und Geranien ziehen. Kleine Triebstücke, ca. 4 bis 5 cm lang, werden mit einem scharfen Messer abgeschnitten. Der Schnitt muss immer unter einer Blattachsel stattfinden, denn dort befinden sich die teilungsfähigen Zellen. Das untere Blatt wird entfernt, sodass nur der kleine Blattstiel stehen bleibt. In einer mit Sand gefüllten Pflanzschale steckt man die Stecklinge ca. 2 cm tief ein. Die Schale am Fenster aufstellen und ab und zu einmal mit Wasser bestäuben. Nach einiger Zeit bilden sich Wurzeln, man merkt das daran, dass die kleinen Triebe wachsen. Nimmt man den obersten Trieb mit der Spitze ab, ist dies ein Kopfsteckling. Ist der Trieb weich und man kann noch das Teil darunter verwenden, ist dies ein Teilsteckling. Manche Pflanzen

An den aufrecht stehenden Zapfen erkennt man, dass es sich eindeutig um eine Tanne handelt.

(Usambaraveilchen und Blattkakteen) lassen sich auch durch Blattstückchen vermehren, diese nennt man Blattstecklinge.

KNOLLEN-BEGONIEN VORTREIBEN

Die Knollen von Begonien und Canna, die man im Herbst eingelagert hat, sollten im Februar zum Vortreiben aufgestellt werden. In Blumentöpfe eingepflanzt werden sie an einem hellen Kellerfenster oder einem anderen hellen, etwas wärmeren Ort aufgestellt. Zeigen die Begonien nach ca. 14 Tagen noch keinen Keim, empfiehlt es sich, sie einmal umzudrehen, da sie eventuell verkehrt herum liegen.

Die ersten Geranienstecklinge werden bereits am Küchenfenster gezogen.

Gartenpraxis im *Dezember*

Manchmal liegt im Dezember schon hoher **Schnee.** Dann sollte auf jeden Fall darauf geachtet werden, dass sich der Schnee nicht zu sehr am Zaun türmt. Der Schnee dient sonst den Karnickeln als Brücke in den Garten. Bei Schneefall bitte die **Vogelfutterplätze** freihalten. Bei **Frost** den **Rasen** nicht betreten, denn dann brechen die Halme. Diese Spuren kann man noch bis in den Mai hinein erkennen. Dezember ist der Umsetzungsmonat für den **Kompost**. Als Wintergemüse kann nun **Chicorée** vorgetrieben werden. Wer starken **Zuwachs** an den Bäumen haben möchte, der schneidet jetzt schon, ist nur wenig Zuwachs gewünscht, wartet man bis Februar. Die **Leimringe** können ab, wenn es bereits stark gefroren hat, sonst müssen sie kontrolliert werden, damit sich nicht Brücken aus festgeklebten Blättern bilden. **Pumpen** und **Wasserleitungen, Rasenmäher** und **Rückenspritze** werden frostsicher gemacht. In den **Gartenteich** stellen Sie ein Schilf- oder Strohbündel, damit auch bei Frost etwas Luft in das Wasser gelangt. Gleichzeitig kann **Faulgas** besser entweichen. Ehe der Teich zufriert, kann man noch vorsichtig das Falllaub entfernen. Sollten Fische im Teich sein, dann sollte man die Eisfläche nicht betreten. Die Geräusche stören die Fische, die sich regungslos am Grund befinden. Werden sie gestört, bewegen sie sich und verbrauchen unnötig viel Sauerstoff.

Winterlinge können schon Blütenstaub für die ersten Insekten liefern.

Christrosen blühen meist erst Ende des Winters und nicht schon zu Weihnachten.

EIS-BEGONIEN IM WINTER AUSSÄEN

Am Küchenfenster können im Februar die Eis-Begonien ausgesät werden. Mancher Gartenfreund hat sich ein kleines Minigewächshaus für die Fensterbank angeschafft. Nun ist es Zeit, dies in Betrieb zu nehmen. Dabei sollte man darauf achten, dass es nicht zu dunkel und zu warm steht. Alter-

nativ kann man eine kleine Pflanzschale mit altem Kompost oder gekaufter Blumenerde füllen. Die feinen Samen werden darin leicht angedrückt und nicht mit Erde bedeckt. Nach dem Angießen wird eine Frischhaltefolie über die Schale gespannt, die anschließend an einen warmen Platz gestellt wird (18 bis 24 °C). Wegen der Folie hält sich die feuchte Luft und man muss kaum gießen. Werden die kleinen Keime sichtbar, muss die Saatschale an einem hellen Fenster aufgestellt werden.

DIE ERSTEN IM BEET

Der Winterling erfreut uns als eine der frühsten Blumen. Wer etwas zur Verbreitung beitragen will, nimmt, wenn die Winterlinge verblüht sind, einen Teil der Pflanzen mit einem Spaten heraus. Die Stücke sollten so gestochen werden, dass ein Erdballen entsteht. Diesen setzt man an der gewünschten Stelle in ein vorbereitetes Loch. Wenn man wartet, bis die Blätter eingezogen sind, wie es eigentlich bei Zwiebelpflanzen üblich ist, kann man oft die kleinen Zwiebeln nicht mehr erkennen.

CHRISTROSEN LIEBEN DEN FROST

Viele Alpenpflanzen, auch die Christrosen, sind Frostkeimer. Wer einmal probieren möchte, sie selbst zu ziehen, nimmt einen mit Erde gefüllten Blumentopf und sät Christrosensamen aus. Die Samen werden mit Erde leicht bedeckt und der Topf im Freien aufgestellt. Liegt noch etwas Schnee, so nimmt man davon eine Handvoll und gibt ihn auf den Topf. Wenn der Schnee schmilzt, hat man genau die richtige Temperatur, die die Samen brauchen, um in Keimstimmung zu kommen. Bis zur Keimung dauert es mehrere Wochen. Wenn sich die ersten zarten Triebe zeigen, kann man sehen, ob die Aktion geklappt hat.

RASEN DÜNGEN MIT KOMPOST

Wer seinen Kompost im Januar noch nicht umgesetzt oder gesiebt hat, sollte dies bald erledigen. Auch der Rasen ist für eine Kompostgabe dankbar. Der Kompost wird ungesiebt breitwürfig auf den Rasen aufgebracht. Mit einem Fächerbesen harkt man einige Male hin und her. Dann wartet man ein paar kräftige Regenfälle ab. Da der Kompost nicht gesiebt war, befinden sich natürlich noch kleine Aststücke auf dem Rasen. Die groben Stücke werden abgeharkt und wieder zum Kompost gebracht. Spätestens im Juni fragen die Nachbarn, welcher Wunderdünger eingesetzt wurde. Das kann man natürlich nur machen, wenn kein Schnee liegt. Es reicht aber auch, wenn diese Aktion im Februar vorgenommen wird.

RASEN UND SAND

Bei schweren Böden leidet der Rasen oft unter zu hoher Feuchtigkeit. Im Februar kann man den Rasen sanden. Bei offenem Wetter bringt man eine ca. 2 cm starke Sandschicht auf den Rasen. Der Sand wird mit dem Rücken der Holzharke gleichmäßig verteilt. Der Regen wäscht die Sandkörner zwischen die Halme und der Sand wird auf die Erdkrume gewaschen. Wiederholt man dies mehrere Jahre hintereinander, erhöht man so den Sandgehalt im Boden und erhält einen leichteren Boden.

Was Großvater noch wusste

Die Zweige des Weihnachtsbaumes verwendet man zum Abdecken der Rosen zum Schutz gegen die Wintersonne (siehe Abb.). Diese erwärmt oft die Rosentriebe so stark, dass sie Wasser verdunsten. Wenn der Boden dann noch gefroren ist, bekommen die Triebe von unten kein Wasser nachgeliefert, dadurch vertrocknen die Rosen. Die Zweige werden aufrecht zwischen die Rosen gesteckt, sodass sie die Pflanzen beschatten und sich deren Triebe nicht so stark erwärmen. Der Schatten ist wichtiger als das Anhäufeln.

Winterpause auf Balkon und Terrase

Mit den Kübelpflanzen hat man im Winter wenig Arbeit. Wenn sie frostfrei und nicht allzu dunkel stehen, kommen sie gut über den Winter. In einem frostfreien, hellen Boden- oder Kellerraum und der Garage haben sie im Winter ihre wohlverdiente Ruhe und der Gärtner auch.

OPTIMALE WINTERVERSORGUNG

Auf keinen Fall dürfen Kübelpflanzen zu viel gegossen werden. Man prüft mit der Hand, ob die Erde nicht ausgetrocknet ist. Der Untersetzer darf nicht, wie im Sommer im Freien, ständig mit Wasser gefüllt sein.

Bei Pflanzen, die draußen bleiben, weil sie als frostunempfindlich gelten, sollten immer die Kübel so eingepackt werden, dass sie nicht durchfrieren. Das heißt, der Erdbal-

len darf nicht ganz gefroren sein, weil dann die Pflanze kein Wasser nach oben ziehen kann und vertrocknet. Hier kann man sich helfen, indem man alte Kartoffelsäcke um die Kübel bindet. Auch ein Ring aus Laub, der mit Kaninchendraht um den Kübel gezurrt wird, hält den Kübel frostfrei. Der Abstand zwischen Draht und Kübel muss auf allen Seiten mindestens 15 cm betragen. Eine Isolierung mit Styropor oder ähnlichen Mitteln ist vollkommen sinnlos, da ein kalter Gegenstand durch Styropor nicht

Gut eingepackte Kübelpflanzen können sich gegenseitig schützen. Sie dürfen sogar noch etwas enger zusammenrücken.

Vlies ist ein guter Behelf, um Hochstämmchen im Winter zu schützen.

wärmer wird. Zudem kann Styropor keine Feuchtigkeit halten. Wer mehr Wert auf Ästhetik legt, kann statt der alten Kartoffelsäcke im Fachhandel schöner aussehende Matten kaufen, die einfach um die Kübel gewickelt werden.

So verfährt man auch mit den Kübelpflanzen auf dem Balkon. In den Balkonkästen ist es schwieriger die Bepflanzung über den ganzen Winter zu halten. Wer nicht nur ein paar grüne Zweige in die Erde stecken will, kann es mit Winterheide versuchen. Es gibt Arten, die schon im Herbst blühen, aber im März schon schlecht aussehen. Nimmt man die spätblühenden Arten (*Erica carnea*), hat man im Spätherbst zwar nur die Ahnung eines Blütenflores, dafür zeigen sie ihre Pracht im zeitigen Frühjahr.

DER GETOPFTE WEIHNACHTSBAUM – EINE SCHÖNE BESCHERUNG

Wer einen Weihnachtsbaum mit Wurzel gekauft hat, erlebt oft eine Enttäuschung, weil er im Garten nicht anwächst. Beim Kauf immer darauf achten, dass dieser Baum auch im Topf oder Kübel gewachsen ist. Viele Weihnachtsbäume werden ausgegraben und dann in einen Topf gepflanzt. Diese haben fast nie eine Chance weiterzuwachsen. Aber auch die im Topf gewachsenen werden, vor lauter Freude über Weihnachtsgans und anderen Leckereien, zu gießen vergessen. Wenn der Baum im Zimmer einmal richtig trocken in seinen Wurzeln geworden ist, wächst er nicht mehr an.

Gartenpraxis im *Januar*

Für den Anbau unserer Gartenkulturen ist es wichtig, den Boden zu kennen. Die **Bodenproben** können jetzt entnommen und eingeschickt werden. Bei Begonien und Salvien kann bereits mit der **Aussaat** auf der Fensterbank begonnen werden, kleine Minigewächshäuser sind hilfreich. An den robusten Krokussen und anderen **Frühjahrsblühern** können wir uns ganz ohne Arbeit erfreuen, sie brauchen keine Abdeckung gegen den Frost. Der Rasen erhält im ersten Monat des Jahres bereits eine kleine Düngergabe, Kompost ist dafür prima. Unsere Kübelpflanzen brauchen im Winterquartier gelegentlich Wassergaben. Kleine **Reparaturarbeiten** können im Garten und an den Gartengeräten nun gut durchgeführt werden. Im Januar beginnt man langsam mit der **Anbauplanung** für den **Gemüsegarten**. Das selbst geerntete **Saatgut** sollte auf seine **Keimfähigkeit** hin kontrolliert werden. Wer möglichst lange sein Wurzelgemüse genießen möchte, sollte das Sandlager kontrollieren. Vergessen Sie Ihr **Wintergemüse** nicht, Krähen sind im Winter ungeladene Gäste am Beet. Denken Sie an der **Rückschnitt** der **Obstbäume**, das Weißen und die Kontrolle der **Krebswunden**. **Propolis** hilft gegen Obstbaumkrebs.

Gemüse – auch im Winter

Planung im Gemüsegarten ist das Wichtigste! Und im Winter hat man Zeit dazu. Es macht Spaß zu überlegen, was man essen möchte. An langen Winterabenden kann man die Kataloge durchblättern und überlegen, welche neuen Sorten man ausprobieren möchte.

PLANUNG IM GEMÜSEBEET

Am Anfang des neuen Jahres sollte man für den Gemüseanbau eine gewisse Planung vornehmen. Der Pflanzenbedarf richtet sich nach der Familiengröße, den Verzehrgewohnheiten und Lieblingsgemüsesorten. Es ist sinnlos, eine ganze Packung Salat auf einmal auszusäen, denn niemand ist in der Lage, in einer Woche beispielsweise

Gemüsekisten wurden im Herbst für das Sandlager vorbereitet. Dort sind sie jetzt gut aufgehoben.

100 Salate zu essen. Zumindest „im Kopf" sollte man mit dem Anbauplan im Februar fertig sein. Achtung: Urlaubsplan und Reifezeit der Gemüse miteinander abstimmen!

GEMÜSE LAGERN

Die gelagerten Gemüse müssen im Dezember auf Fäulnis kontrolliert werden. Im Frühbeet eingeschlagene Pflanzen (das sind Pflanzen, die nur vorübergehend eingepflanzt wurden) brauchen oft nur von den schlechten Außenblättern befreit werden und halten sich dann noch eine ganze Weile. Man reißt die schlechten Blätter einfach ab, gelbe Blätter verbleiben an den Pflanzen. Im Sandlager der Wurzelgemüse, das ist der Sandhaufen, in dem man im November eingeschichtet hat, kann eigentlich nicht viel passieren. Mäusegefahr besteht nicht. Mäuse sind zu schlau, um im losen Sand Gänge zu bauen. Stehen größere Fröste bevor, kann man die Laubschicht über dem Sandlager noch etwas erhöhen. Sollte der Winter sehr feucht werden, kann man mit einer Folie den vielen Regen abhalten. Die Kartoffeln im Keller sollten von faulen Knollen befreit werden, denn sie stecken die anderen an.

Die Gemüse auf dem Beet müssen spätestens im Dezember mit einer dünnen Laubschicht bedeckt werden, damit man sie bei stärkerem Frost auch noch ernten kann.

DEN CHICORÉE ANTREIBEN

Im Dezember bietet es sich an, Chicorée zu treiben. Die Wurzeln des Chicorée, die im November geerntet wurden, werden in Erde eingeschlagen und im Eimer im dunklen Heizungskeller warm gestellt. Geht dies nicht, stülpt man einen Pappkarton über den Eimer. Die Pflanzen müssen auf jeden Fall dunkel stehen, da sich sonst die Köpfe nicht schließen und der Bleicheffekt nicht gewährleistet ist. Bereits nach etwa 4 Wochen kann man schon einige von den Chicorée-Kegeln für Salat oder andere leckere Gerichte ernten.

Chicoréepflanzen kann man in einem Eimer mit Erde selbst antreiben. Nach etwa vier Wochen sind sie fertig.

APPETIT AUF VITAMINE?

Es empfiehlt sich, Keimsprossen herzustellen. Hierzu eignen sich auch überjährige Gemüsesamen.

Man kann sehr teure Keimapparate kaufen, zum Anziehen der Sprossen reicht aber ein flacher Teller mit einem Papierküchentuch. Das Tuch wird angefeuchtet, der Samen darauf gestreut und ein Einweckglas oder eine Glasschüssel darübergestülpt. Auf der Fensterbank warten dann unsere Keime bis zum Verzehr.

Was Großvater noch wusste

Rhabarber kann überbaut oder mit einem sehr großen Eimer verfrüht werden. Auch eine alte Wanne reicht aus. Es spielt keine Rolle, wenn das Gefäß nicht durchsichtig ist. Die Stängel bekommen zwar weniger Sonne ab und werden dadurch etwas gelb- bis rötlich, schmecken aber genauso gut.

ALTE SAMENBESTÄNDE PRÜFEN

Die meisten Gemüsesamen kann man einige Jahre aufheben. Empfindlich sind die Samen von Feldsalat und Spinat. Bei diesen Arten empfiehlt es sich, jedes Jahr neue Saat zu verwenden.

Es ist im Januar höchste Zeit, die Bestellungen des Saatgutes vorzunehmen. Wer noch alte Samentüten hat, sollte eine Keimprobe machen, um im Frühjahr keine Enttäuschung zu erleben.

In der heutigen Zeit sind Saatproben fast nicht mehr möglich, weil in den Saattüten weniger als wenig drin ist. Erforderlich sind Saatproben bei selbst geernteten Samen. Man zählt einige Körner ab und legt sie auf angefeuchtetes Küchenkrepp. Nicht austrocknen lassen. Nach einigen Tagen sieht man dann, wie viele der Samen keimen. Sind dies über 80 % der Keime, spricht man von einer guten Qualität.

WINTERGEMÜSE SCHÜTZEN

Es ist ratsam, im Januar die Beete mit Feldsalat und Winterspinat zu kontrollieren. Man muss unter Umständen etwas gegen den Fraß der Krähen unternehmen. Oft reicht es schon, ein paar Bindfäden über die Beete zu spannen. Besser ist es, gleich ein Vogelnetz mithilfe von Drahtbögen über dem Beet auszubringen.

DÜNGERSTART IM GEMÜSEBEET

Ab Februar wird es höchste Zeit für die Düngung mit Kompost. Aber bitte darauf achten, dass nicht sämtlicher Kompost aus dem Garten und zusätzlich der Küchenkompost aus Gemüseabfällen auf das winzige Stück Gemüseland gebracht wird. Auch mit Kompost kann man überdüngen. Bei Sträuchern und großen Stauden kann man einjährigen Kompost verwenden, der auch nicht gesiebt werden braucht. Auf den Gemüsebeeten sollte man zweijährigen Kompost verwenden, dann sind schon viele

Was Großvater noch wusste

Gemüse aus dem eigenen Garten ist gesünder, billiger und macht große Freude.
Die Gemüseplanung sollte mit der ganzen Familie stattfinden. Es ist Unsinn, Gemüsesamen zu kaufen, wenn das erzeugte Gemüse überhaupt nicht gegessen wird. Bei Kindern kann man die Abneigung gegen Gemüse und Salate leicht beseitigen. Man muss sie beim Aussuchen im Katalog und beim nachfolgenden Anbau einschließen. Dabei immer darauf achten, dass es ihnen Spaß macht und nicht zur lästigen Pflicht ausufert.

Krankheiten und Keime verrottet. Wenn möglich sollten 7 l Kompost, also ein knapper Eimer voll, pro Quadratmeter ausgebracht werden.

FRÜHKARTOFFELN VORKEIMEN

In den ersten beiden Monaten des Jahres besorgt man sich bei frostfreiem Wetter die Frühkartoffeln zum Vorkeimen. Da die Kartoffeln teuer sind, kauft man diese nicht kiloweise, sondern nur die benötigte Stückzahl. Die Kartoffeln werden in der Reihe 35 cm auseinander gelegt. Die Reihen haben bei Frühkartoffeln einen Abstand von 75 cm, bei späten Sorten 80 cm. Die Knollen sucht man am besten selbst aus, da man dann deren Größe bestimmen kann. Große Knollen bringen keine größere Ernte. Die alte Methode aus schlechten Zeiten, da man die Kartoffeln auseinanderschnitt, um die Hälfte ohne die Augen zu verfüttern, sollte man nicht praktizieren. Die Knollen wer-

den in einer Kiste mit Erde oder auf einer Eierpappe ausgelegt. Man muss sie hell und kühl stellen, da die Keime kurz und gedrungen sein sollen. Mitte April sollten sie dann kurze dunkle Keime haben.

Was Großvater noch wusste

Versuchen Sie ruhig auch mal etwas Unbekanntes. Uralte Vorurteile, Kindheitserinnerungen über den schlechten Geschmack einer Gemüseart sollten bewusst beiseite geräumt werden. Anfängern hingegen rate ich erst einmal mit Frühkartoffeln, Bohnen, Radieschen und Kresse zu beginnen. Für Kinder eignen sich besonders Radieschen und Kresse.

Machen Sie eine Keimprobe damit böse Überraschungen im Frühjahr ausbleiben.

Kartoffeln sollten zum Keimen hell und kühl stehen damit sich kurze Keime entwickeln.

Obstgarten schneiden, schützen, pflegen

Obstbaumschnitt muss sein, sonst würden die Bäume strauchartig wachsen. Der erste Ertrag käme auch erst viele Jahre später und das Obst würde sehr klein ausfallen. Um eine gute und frühzeitige Ernte zu bekommen ist Baumschnitt wichtig.

OBSTBÄUME SCHNEIDEN

Bei Frost über −6 °C kann man im Januar Bäume schneiden. Der Gärtner schneidet die Bäume im Winter, weil er da Zeit hat. Der Schnitt der Obstgehölze wäre besser im Juni durchzuführen. In den ersten Jahren baut man mit einem Erziehungsschnitt die Krone des Baumes auf. In jeder Astetage werden nur drei Äste geduldet, sonst wird später die Krone zu dicht. Bei kleinwüchsigen Bäumen (Busch- oder Spindelbäumen) kommt jeweils die nächste Etage ca. 45 bis 50 cm höher als die darunterliegende. Bei Halb- oder Hochstämmen nimmt man 60 cm Abstand. Es

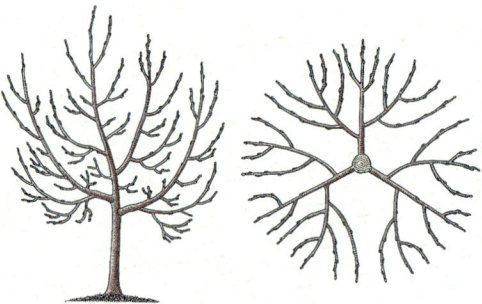

So sollte ein gesunder Kronenaufbau aussehen, damit später der Baum nicht zu dicht wird.

wird jedes Jahr eine dieser Etagen erzogen. Hat man die Höhe erreicht, die man haben will, nimmt man den Mitteltrieb heraus oder behandelt die Spitze wie einen Ast und biegt diese seitwärts. Nun passt man die nächsten Jahre auf, dass sich kein Ast berührt oder kreuzt. Alle Äste, die senkrecht nach oben wollen und somit dem Mitteltrieb Konkurrenz machen würden, werden entfernt oder in eine günstige Richtung gebogen. Dieser Kontroll- oder Erhaltungsschnitt wird nun jährlich durchgeführt, bis die Früchte kleiner werden und der Baum vergreist. Jetzt nimmt man einige Äste so heraus, dass junge Triebe neue Äste mit

Mit kleinen Gewichten lassen sich Äste in die Waagrechte binden, danach wieder abnehmen.

Was Großvater noch wusste

Auch wenn man im Dezember bei Frost die Bäume nicht schneiden kann, können Sie gegen die Krebswunden vorgehen. Die Wunden werden mit einer Hippe bis auf das gesunde Holz ausgeschnitten. Nun kann man die Wunde mit einem chemischen Wundbehandlungsmittel einstreichen. Das kann die Wucherung des Krebses etwas stoppen. Ich persönlich empfehle etwas anderes, die alten Ägypter bereits wendeten es in der Medizin an: Propolis. Das hilft auch bei Krebswunden. Propolis ist das Kittharz der Bienen, das für diesen Zweck in Alkohol oder Spiritus aufgelöst wird. Die damit behandelten Wunden stoppen nicht nur, sondern fangen an, wieder zu verwallen.

jungem Fruchtholz bilden können. Der einzige Schnitt, an dem man einen Ast wirklich zurückschneidet ist der Pflanzschnitt.

OBSTBÄUME GEGEN FROSTRISSE SCHÜTZEN

Im Januar ist es Zeit, die Südseiten der Obstbaumstämme mit Kalk oder mit einem Baumanstrich weiß zu streichen. Fertige Anstrichfarbe bekommt man im Fachhandel. Man kann auch Algenkalk mit etwas frischen Kuhfladen mischen, dies ernährt und schützt die Rinde zusätzlich. Es braucht nur die Südseite der Stämme bestrichen werden. Dies verhindert das Aufreißen der Baumrinde bei Sonneneinstrahlung und Frost im Februar. Wenn in der Nacht noch −16 °C herrschen, ist das Holz des Stammes gefroren. Im Februar scheint oft die Sonne, sodass die Südseite des Stammes sich auf +16 °C aufheizt. Diese Spannung hält der Stamm nicht aus und reißt auf.

HERAUSSCHNEIDEN DER KREBSWUNDEN

Man kann im Januar die Krebswunden richtig kontrollieren. An ganz dünnen Ästen werden die Stellen herausgeschnitten, das heißt, der Zweig wird hinter der Krebswunde bis in das gesunde Holz zurückgeschnitten. Bei stärkeren Ästen lohnt es sich, die Krebswunden zu behandeln. Am besten mit Propolis, dem Kittharz der Bienen.

ANSTRICH DER STÄMME GEGEN FROSTRISSE, BESONDERS AN DER SÜDSEITE WICHTIG.

UMVEREDELN – GUT VORBEREITEN

Wer einen Obstbaum hat, der noch einigermaßen gesund ist, wem aber die Sorte nicht mehr gefällt, kann im Januar umveredeln. Man sucht sich Reiser einer Sorte, die man mag und die in der Gegend gut gedeiht. Am besten werden Reiser von Gartenfreunden genommen, deren Bäume man kennt. Es werden einjährige Triebe ca. 40 cm lang geschnitten. Dabei kann man auch die sogenannten „Wassertriebe" verwenden. Sollte der gewünschte Baum schon so alt sein, dass er vergreist ist, d.h. keine neuen Triebe gebildet hat, schneidet man einen

starken Ast ab. An dieser Stelle treibt er dann neue Triebe, die man im nächsten Jahr verwenden kann. Die Triebe werden als Bündel in Plastik eingewickelt, damit sie nicht verschmutzen. Diese Bündel werden waagerecht 40 cm tief im Boden vergraben. Waagerecht, damit die Knospen nicht treiben, und 40 cm tief, damit sie von den Außentemperaturen noch nicht beeinflusst werden. Das Bündel versieht man mit einem Bindfaden, der aus der Erde herausschaut, damit man im April die Reiser auch wiederfindet.

Der Baum, der im April umveredelt werden soll, wird nun gekappt. Man sägt die Äste so ab, dass die eigentliche Form des Baumes nicht verloren geht. Es muss nicht immer gleich ein ganzer Baum umveredelt werden. Bei dem Baum, der als Grundlage dient, können auch nur ein paar Äste gekappt werden und durch neue Reiser mit anderen Sorten veredelt werden. So kann man auch in kleinen Gärten viele verschiedene Sorten anbauen. Im Hobbybereich ist dies sehr sinnvoll, man erhält eine größere Sortenvielfalt und eine längere Erntezeit. Im Erwerbsobstbau ist dies unmöglich. Auch um einen Pollenspender anzusiedeln kann man ihn mit einpfropfen.

Der Baum wurde vor einigen Jahren zurückgeschnitten und dann nicht mehr gepflegt, es haben sich Wassertriebe ausgebildet.

Gartenpraxis im *Februar*

Im Februar kann man sich die langen Abende vertreiben und kleine **Insektenhotels** (siehe Abb. unten) bauen. Denken Sie auch an die **Gartenvögel,** die Nistkästen sollten schon jetzt aufgehängt werden. Auf keinen Fall sollte man zu früh im Garten tätig werden. Die Erde muss erst etwas abgetrocknet sein. Es ist auf jeden Fall ratsam, mit dem **Aussäen** bis März zu warten. **Knollen-Begonien** können bereits vorgetrieben und **Eis-Begonien** ausgesät werden. Bei **feuchtem Rasen** schafft nun Sand Abhilfe. Bei offenem Wetter kann man auch die **Zweijahrespflanzen,** wie Goldlack, Bartnelken und Stiefmütterchen, umsetzen und im **Stauden-beet** noch Veränderungen vornehmen. Anfang Februar sollte die **Anbauplanung im Gemüsegarten** abgeschlossen sein. Heben Sie einige Zweige vom **Strauchschnitt** für die Erbsen als **Rankhilfe** auf. **Keim-sprossen** bieten in den Wintermonaten auf einfache Weise wertvolle Vitamine. Wenn der Boden nicht gefroren ist,

kann man die versäumte **Herbstpflanzung** nachholen (siehe Seite 88). Achtung! Pflanzen, die erst im Frühjahr oder am Ende des Winters gepflanzt wurden, haben einen höheren Wasserbedarf als Pflanzen, die schon im Winter neue Wurzeln bilden konnten. **Baum- und Strauchschnitt** kann noch erledigt werden. Genau wie im Januar muss man darauf achten, dass die Temperatur nicht unter −6 °C fällt, denn dann platzen die Zellen beim Sägen. Um dem Befall von **Pilzkrankheiten** vorzubeugen, müssen das Gewächshaus, das Frühbeet und die Saatkisten gründlich gereinigt werden. **Rankhilfen** für die Kletterpflanzen und Pfähle am Obstspalier werden auf Festigkeit überprüft. Es ist Zeit, die Gängigkeit der **Markise** zu überprüfen. Bei allem, was sich bewegt, tut manchmal ein Tropfen Öl reine Wunder.

Hat man **Mäusebefall** in der Gerätekiste oder im Schuppen, müssen Fallen aufgestellt werden, jedoch so, dass die Vögel nicht zu Schaden kommen.

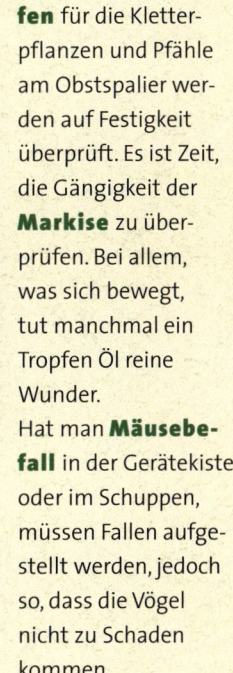

Frühjahr

März	Garten allgemein	Regentonne aus dem Winterquartier holen
		Den nassen Boden nicht festtrampeln
		Anbindungen der Bäume und Sträucher kontrollieren
		Schneckenfraß kontrollieren
	Ziergarten	keine Schnittarbeiten mehr vornehmen (Ausnahme Schmetterlingsstrauch)
		Stauden teilen, Dahlien im Frühbeet in Töpfen aufstellen
	Gemüsegarten	Große Bohnen und Möhren aussäen
		Frühbeetkasten herrichten
	Obstgarten	Schnittmaßnahmen abschließen
April	Garten allgemein	Pflänzchen vereinzeln und abhärten
	Ziergarten	Rosen schneiden
		Die Blätter der Frühlingsblüher nicht abschneiden
		Langsam abwelkende Pflanzen können ohne Schaden überpflanzt werden
	Gemüsegarten	Kartoffeln nach dem 15. April in Dämmen anpflanzen
	Obstgarten	Erdbeeren, Himbeeren und Brombeeren mulchen
		Birnengitterrost behandeln
		Leimringe an Obstbäumen entfernen
		Pfirsichbaum während der Blütezeit beschneiden
		Obstbäume umveredeln
Mai	Garten allgemein	Im Folientunnel für ausreichend Schattierung und Durchlüftung sorgen
		Kulturen vor Schadinsekten mit Kulturschutznetzen schützen
	Ziergarten	Tagetes, Fleißige Lieschen, vorgetriebene Dahlien und Canna nach dem 15. Mai auspflanzen
		Start der Rasenmähsaison
		Letzter Rückschnitt für Rhododendron und Azaleen
	Gemüsegarten	Anhäufeln der Kartoffeln bis zum 15. Mai beenden
		Gemüsebeete regelmäßig lockern
		Tomaten nach den Eisheiligen pflanzen
		Frisch gepflanzte Gemüsepflanzen nach Schnecken absuchen
		Im Folientunnel für ausreichend Schattierung und Durchlüftung sorgen
		Kulturschutznetze anbringen
	Obstgarten	Weinreben anpflanzen
		Befall von Apfelwicklern und Stachelbeerwespen kontrollieren

Sommer

Juni	Garten allgemein	Unkraut immer im Auge behalten und mit dem Grubber entfernen
		Von Topf- und Kübelpflanzen Verblühtes entfernen
		Aussaatbeete oder -kisten vor Schneckenfraß schützen
	Ziergarten	Zweijahresblumen (Bartnelken, Goldlack, Stiefmütterchen) aussäen
		Hecken ab dem 24. Juni scheiden
		Staudenstecklinge schneiden
	Gemüsegarten	Tomaten regelmäßig ausbrechen
		Frühkartoffeln ab Mitte des Monats ernten
		Herbstgemüse aussäen
		Nach dem 24. Juni keinen Spargel mehr stechen
	Obstgarten	Bei Obstbäumen regulierend in Astaufbau und Fruchtbesatz eingreifen
Juli	Garten allgemein	Pilzbefall kontrollieren
	Ziergarten	Stauden und hohe Sommerblumen anbinden
		Die Zweijahresblumen pikieren
		Stauden bei feuchtem Wetter teilen
		Rosen das letzte Mal düngen
		Blumenzwiebeln kommen aus der Erde
		Herbstzeitlose und Herbstkrokusse pflanzen
		Sträucher und Stauden mulchen
	Gemüsegarten	Herbstgemüse aussäen
		Gemüsezwiebeln und Kräuter ernten
	Obstgarten	Erdbeerpflanzen durch Ableger selbst vermehren
		Obstbäume und Beerensträucher mit ausreichend Wasser versorgen
August	Garten allgemein	Zum letzten Mal in diesem Jahr düngen
	Ziergarten	Zweijahresblumen pikieren und pflanzen
		Bei feuchter Witterung Frühjahresblüher umpflanzen
		Pfingstrosen teilen
		Von Moorbeetpflanzen Stecklinge schneiden
	Gemüsegarten	Tomaten nach der dritten oder vierten Blütentraube entspitzen
		Dill in Folgesätzen sowie Petersilie aussäen
		Wintergemüse wie Radieschen, Rettiche und Speiserüben sowie Spinat aussäen
	Obstgarten	Fallobst so schnell wie möglich aufsuchen und zum Kompost bringen
		Die vorgezogenen Erdbeerpflanzen kommen ins Beet

Herbst

September	Garten allgemein	Grube für das Hügelbeet ausheben
	Ziergarten	Blumenzwiebeln in kleinen Tuffs stecken
		Neuen Rasen aussäen
	Gemüsegarten	Wintersteckzwiebeln kommen ins Beet
		Mehrjährige Kräuter, wie Berg-Bohnenkraut, Melisse, Pfefferminze, Salbei, Oregano und Schnittlauch, pflanzen und eventuell teilen
		Mehrjährige Kräuter eintopfen für die Winterernte auf der Fensterbank
	Obstgarten	Einige Rhabarber umpflanzen
Oktober	Garten allgemein	Bei trockenem Wetter Samen für die Weitervermehrung ernten
		Winterroggen als Gründünger aussäen
	Ziergarten	Zweijahresblumen sollten an ihrem endgültigen Platz stehen
		Bäume und Sträucher mit Ballen pflanzen
		Immergrüne Pflanzen mit ausreichend Wasser versorgen
		Topf- und Kübelpflanzen überwintern
		Knollen von Dahlien, Gladiolen und Canna einlagern
		Den Rasen zum letzten Mal mähen
		Stauden- und Sommerblumenstängel nicht Abschneiden
		Kein Laub harken
		Nach dem letzten Rasenschnitt noch eine schwache Düngung vornehmen
	Gemüsegarten	Gemüseabfälle bleiben bis zum Umgraben auf dem Beet
		Zwiebeln der Frühjahrsblüher in die Erde bringen
		Feldsalat und Spinat zur Frühjahresernte aussäen
	Obstgarten	Mitte des Monats Leimringe gegen den Frostspanner anlegen
		Apfelsorten entsprechend ihrer Pflückreife ernten
		Äpfel flach in Kisten lagern
		Noch mit dem Baumschnitt warten
November	Garten allgemein	Winterroggen als Gründünger ausbringen
		Schneckensuche unter Brettern nicht vernachlässigen
		Umgraben der Beete
		Bodenproben für Bodenuntersuchung nehmen und einschicken
	Ziergarten	Ziergehölze pflanzen und zurückschneiden
		Blumenknollen im Winterlager auf faulige Stellen hin kontrollieren
	Gemüsegarten	Wurzelgemüse, das in den Beeten bleibt, mit einer Laubschicht bedecken
	Obstgarten	Obstbäume pflanzen und zurückschneiden

Winter

Dezember	Garten allgemein	Bei Schneefall die Vogelfutterplätze freihalten
		Jetzt schneiden, wenn man starken Zuwachs an den Bäumen haben möchte
		Pumpen und Wasserleitungen, Rasenmäher und Rückenspritze frostsicher machen
		Kompost umsetzen
	Ziergarten	Bei Frost den Rasen nicht betreten
	Gemüsegarten	Chicorée vortreiben
	Obstgarten	Leimringe abmachen, wenn es bereits stark gefroren hat, sonst weiter kontrollieren
Januar	Garten allgemein	Bodenproben nehmen und einschicken
		Kleine Reparaturarbeiten im Garten und an den Gartengeräten durchführen
		Mit der Anbauplanung für den Gemüsegarten beginnen
	Ziergarten	Begonien und Salvien auf der Fensterbank aussäen
		Rasen leicht düngen, Kompost eignet sich sehr gut dafür
		Kübelpflanzen im Winterquartier gelegentlich gießen
	Gemüsegarten	Sandlager mit Wurzelgemüse kontrollieren
		Wintergemüse im Garten auf Befall und Vogelfraß überprüfen
	Obstgarten	Obstbäume zurückschneiden
		Bäume weißen
		Krebswunden kontrollieren
Februar	Garten allgemein	Kleine Insektenhotels bauen
		Nistkästen für Gartenvögel aufhängen
		Erst nach Abtrocknen der Erde tätig werden
		Rankhilfen für die Kletterpflanzen auf Festigkeit überprüfen
	Ziergarten	Knollen-Begonien vortreiben
		Eis-Begonien aussäen
		Bei feuchtem Rasen mit Sand Abhilfe schaffen
		Bei offenem Wetter Zweijahrespflanzen, wie Goldlack, Bartnelken und Stiefmütterchen umsetzen und im Staudenbeet Veränderungen vornehmen
		Den letzten Baum- und Strauchschnitt erledigen, dabei sollte die Temperatur nicht unter -6 °C Grad liegen
	Gemüsegarten	Zweige vom Strauchschnitt für die Erbsen als Rankhilfe aufheben
		Um Pilzkrankheiten vorzubeugen Gewächshaus, Frühbeet und Saatkisten gründlich reinigen
		Anbauplanung im Gemüsegarten abschließen
	Obstgarten	Pfähle am Obstspalier auf Festigkeit überprüfen

Service und nützliche Adressen

Baumschulen

Schob Baumschule
Lößnitzer Str. 82
08141 Reinsdorf b. Zwickau
Tel.: (03 75) 29 54 84
Fax: (03 75) 29 34 57
E-Mail: info@schob.de
www.schob.de

H. Lorberg Baumschulerzeugnisse GmbH & Co.KG
Zachower Str. 4
14669 Ketzin OT Tremmem
Tel.: (03 32 33) 84 - 0
Fax: (03 32 33) 84 - 1 00
E-Mail: lorberg@lorberg.com
www.lorberg.com

Pflanzenhandel Lorenz von Ehren GmbH & Co. KG
Maldfeldstraße 4
21077 Hamburg
Tel.: (0 40)7 61 08 - 0
Fax: (0 40)7 61 08 - 1 00
E-Mail: lve@lve.de
www.lve.de

Baumschule H. Hachmann
Brunnenstr. 68
25355 Barmstedt
Tel.: (0 41 23) 20 - 55, - 56
Fax: (0 41 23) 66 26
E-Mail: info@hachmann.de
www.hachmann.de
www.japan-ahorn.de

Pflanzmich.de Baumschulen
Burstah 13
25474 Ellerbek
Tel.: (0 41 01) 37 80 - 0
Fax: (0 41 01) 37 80 - 20
Bestell-Hotline: 0 18 05 / 12 02 00
(14 Cent / Min. aus dem dt. Festnetz)
E-Mail: service@pflanzmich.de
www.pflanzmich.de

Kordes Jungpflanzen Handels GmbH
Mühlenweg 8
25485 Bilsen
Tel.: (0 41 06) 40 11
Fax: (0 41 06) 40 13
E-Mail: info@koju.de
www.koju.de

Hermann Cordes Baumschulen
Pinneberger Straße 247 A
25488 Holm/ Holstein
Tel.: (0 41 03) 9 39 80
Fax: (0 41 03) 53 40
E-Mail: info@cordes-apfel.de
www.cordes-apfel.de

Baumschule Eggert
Baumschulenweg 2
25594 Vaale
Tel.: (0 48 27) 93 26 27
Fax: (0 48 27) 93 26 28
E-Mail: verkauf@eggert-baumschulen.de
www.eggert-baumschulen.de

Baumschule Böhlje
Oldenburger Str. 9
26655 Westerstede
Tel.: (0 44 88) 99 86 - 0
E-Mail: info@boehlje.de
www.boehlje.de

Bioland Baumschule & Obstgarten
Dr. Ute Hoffmann
Uepser Heide 1
27330 Asendorf
Tel.: (0 42 53) 80 06 22
Fax: (0 42 53) 80 06 20
E-Mail: ute.hoffmann@hoffmann-obstbaumschule.de

Baumschule Rinn
Heuchelheimer Str. 129
35398 Gießen
Tel.: (06 41) 6 28 50
www.rinnbaumschule.de

Baumschule Bruno Wenk
Dickenrück
36199 Rotenburg a. d. Fulda
Tel.: (0 66 23) 22 14
Fax: (0 66 23) 58 04
E-Mail: info@baumschule-wenk.de
www.baumschule-wenk.de

Artländer Pflanzenhof
Frank Müller
Im Zwischenmersch / Baumschulenweg
49610 Quakenbrück
Tel.: (0 54 31) 24 58
Fax: (0 54 31) 90 43 53
E-Mail: info@pflanzenhof-online.de
www.pflanzenhof-online.de

Ahornblatt GmbH
Postfach 1125
55001 Mainz
Tel.: (0 61 31) 7 23 54
Fax: (0 61 31) 36 49 67
E-Mail: Nachricht@Ahornblatt-Garten.de
www.ahornblatt-garten.de

Baumschule Weil
Konrad-Adenauer-Str. 11
55218 Ingelheim
Tel.: (0 61 32) 4 30 60

BambusCentrum Deutschland
Baumschule Eberts GbR
Wolfgang und Friedrich Eberts
Saarstrasse 3–5
76532 Baden-Baden
Tel.: (0 72 21) 50 74 - 0
Fax: (0 72 21) 50 74 - 80
E-Mail: info@bambus.de
www.bambus.de

Ganter OHG Qualitätsbaumschule
Baumweg 2
79369 Wyhl
Tel.: (0 76 42) 10 61
Fax: (0 76 42) 26 85
E-Mail: info@ganter-baden.de
www.ganter-baden.de

Baumgartner Baumschule
Hauptstr. 2
84378 Nöham bei Pfarrkirchen
Tel.: (0 87 26) 2 05
Fax: (0 87 26) 13 90
E-Mail: baumgartner@
baumgartner-baumschulen.de
www.baumgartner-baumschulen.
de

Roman Döppler
Weinbergstr. 32a
97261 Güntersleben
Tel./Fax: (0 93 65) 27 25
E-Mail: doeppler@gmx.de

Häberli Fruchtpflanzen AG
CH 9315 Neukirch-Egnach
Tel.: + 41 (0) 7 14 74 70 70
Fax: + 41 (0) 7 14 74 70 80
E-Mail: info@haeberli-beeren.ch
www.haeberli-beeren.ch

Reben

Wolf Jörg Winzerhof
Wolfsbrunnen Rebveredelung
Alter Dürkheimer Weg 7
67098 Bad Dürkheim
Tel.: (0170) 4 74 01 44

Rebschule Volker Freytag
Theodor-Heuss-Str. 78
67435 Neustadt a. d. Weinstraße
Tel.: (0 63 27) 21 43
Fax: (0 63 27) 34 76
E-Mail: info@rebschule-freytag.de
www.rebschule-freytag.de

Rebschule Schmidt
Hartmut Schmidt
Marktbreiter Str. 30
97342 Obernbreit
Tel.: (0 93 32) 34 52
Fax: (0 93 32) 39 86
E-Mail: info@rebschule-schmidt.
de
www.rebschule-schmidt.de

Alte Gemüsesorten

Zier- und
Nutzpflanzenspezialitäten
Monika Gehlsen
Willi-Dolgner-Str. 17
06118 Halle an der Saale
Tel.: (03 45) 5 22 64 23
www.monika-gehlsen.de

Verein zur Erhaltung der
Nutzpflanzenvielfalt (VEN) e.V.
c / o Ursula Reinhard
Sandbachstr. 5
38162 Schandelah
Tel.: (0 53 06) 14 02
Fax: (0 53 06) 93 29 46
E-Mail: ven.nutz@gmx.de
www.nutzpflanzenvielfalt.de

Privates Samenarchiv G. Bohl
Susanne Kunstmann
Waldstr. 40
90596 Schwanstetten

Biologisches Gartenprogramm
Karl Hanne
Bisloher Hauptstr. 1
OT Bislohe
90765 Fürth
Tel.: (09 11) 73 92 10
Fax: (09 11) 7 59 31 51

Raritätengärtnerei Treml
Eckerstraße 32
93471 Arnbruck
Tel.: (0 99 45) 90 51 00
E-Mail: treml@pflanzentreml.de
www.pflanzentreml.de

Österreich
Arche Noah
Obere Str. 40
A-3553 Schiltern
Tel.: + 43 (0) 27 34 / 86 26
Fax: + 43 (0) 27 34 / 86 27
E-Mail: info@arche-noah.at
www.arche-noah.at

Staatliche Bodenun-tersuchungsinstitute (www.vdlufa.de)

LUFA Rostock der LMS
Graf-Lippe-Str. 1
18059 Rostock
Tel.: (03 81) 2 03 07 - 0
Fax: (03 81) 2 03 07 - 90
E-Mail: info@lms-lufa.de
www.lms-lufa.de

LUFA Nord-West
Jägerstr. 23 - 27
26121 Oldenburg
Tel.: (04 41) 80 18 21
Fax: (04 41) 80 18 99
E-Mail: lufa@lufa-nord-west.de
www.lufa-nord-west.de

Institut für Boden und Umwelt
LUFA Nord-West
Standort Hameln
Finkenborner Weg 1 A
31787 Hameln
Tel.: (0 51 51) 98 71 - 0
Fax: (0 51 51) 98 71 - 11
E-Mail: ifb@lufa-nord-west.de
www.lufa-nord-west.de

Landesbetrieb Hessisches
Landeslabor (LHL)
Abt. Landwirtschaft und Umwelt
- Hauptsitz -
Schubertstraße 60
Haus 13
35392 Gießen
Tel: (06 41) 48 00 – 5 55
Fax: (06 41) 48 00 – 59 00
www.lhl.hessen.de

LUFA NRW
Landwirtschaftskammer
Nordrhein-Westfalen
Nevinghoff 40
48147 Münster
Tel.: (02 51) 23 76 - 0
Fax: (02 51) 23 76 - 5 21
E-Mail: info@lwk.nrw.de
www.lwk-nrw.de/lufa

LUFA Speyer
Obere Langgasse 40
67346 Speyer
Tel.: (0 62 32) 1 36 - 0
Fax: (0 62 32) 1 36 - 1 10
E-Mail : poststelle@lufa-speyer.de
www.lufa-speyer.de

Technische Universität München
Zentralinstitut für Ernährungs-
und Lebensmittelforschung (ZIEL)
Bioanalytik
Weihenstephaner Berg 1
85350 Freising - Weihenstephan
Tel.: (0 81 61) 71 - 0
Fax: (0 81 61) 71 - 50 29
E-Mail: info.ziel@wzw.tum.de
www.wzw.tum.de/ziel/

Register

Register

Halbfette Seitenzahlen verweisen auf Abbildungen

KOSMOS.
Lesevergnügen pur.

Kleingärtnerdasein

Vom Gartenzwerg bis zum hartnäckigen Unkraut – Hartmut Brinkmann lädt in seinen blühenden Kleingartenkosmos ein und erzählt 111 wahre Geschichten. Dabei lässt er ganz nebenbei eine Menge gärtnerische Erfahrung und wertvolle Tipps einfließen.

Hartmut Brinkmann |
Wühlmaus, Giersch und Laubenpieper
160 Seiten, 45 Fotos, €/D 12,95
ISBN 978-3-440-12143-6

Die ganze Welt der Rosen

Humorvolle Geschichten und Anekdoten von Rosen und Menschen. Kurzweilig gibt Hartmut Brinkmann 111 Antworten, warum jeder Gartenbesitzer mindestens eine Rose in seinem Garten pflanzen sollte. Daneben zeigt er, wie man es richtig macht – mit vielen Rosentipps für den Hobbygärtner!

Hartmut Brinkmann | Der mit den Rosen spricht
160 Seiten, 41 Fotos, €/D 12,95
ISBN 978-3-440-11164-2

Alltagsrätsel.
Schmunzeln und Staunen.

Voller Überraschungen

Verbessert Torf den Boden? Stammen Tulpen aus Holland? Begleiten Sie Wolfgang Hensel auf seinem Gartenrundgang – schmunzeln Sie über alte Vorurteile und staunen Sie darüber, wie hartnäckig sich manche vermeintliche Weisheiten halten.

Wolfgang Hensel | 120 populäre Gartenirrtümer
160 Seiten, 50 s/w-Cartoons, €/D 12,95
ISBN 978-3-440-11546-6

Wetterkapriolen

Wird durch Gewitter die Milch sauer? Macht der April tatsächlich, was er will? Ob Bauernregeln oder Volksweisheiten – die Autoren räumen auf mit liebgewonnenen Ansichten über das Wettergeschehen und erläutern verblüffende Phänomene aus dem Reich von Wolken, Wind und Witterung.

Wettervogel/Molitor | Können Wetterfrösche irren?
160 Seiten, 30 s/w-Cartoons, €/D 12,95
ISBN 978-3-440-10741-6

www.kosmos.de/garten

Impressum

Mit 143 Farbfotos von:
Helga Buchter-Weisbrodt, Rödersheim (7): 43 o, 43 m, 63 o, 64 re., 69 o, 70, 94; Andrea Christmann, Hamburg (1): 55; Otmar Dietz, Sulzthal (12): 13, 12 li., 18, 21 o, 35, 39, 46, 80, 58 li., 64 li., 107 u, 119 li.; Eschenbach GmbH, Neunkirchen/Siegburg (1): 86; Fotodesign Hansen, Hamburg (13): 19 re., 25 m, 27 ore., 29 li., 41 oli., 41 u, 53, 81 u, 79, 84 u, 85, 95, 114 re.; Flora Press, Hamburg (10): 12 re., 17, 22 o, 32, 38 re., 47 u, 51 u, 89105, 123; Garten Picture Library, London (2): 2/3, 23; Gartenschatz GmbH, Stuttgart (14): 9 m, 25 u , 27 oli., 51 o, 57 m, 58 re., 66, 69 m, 112 o, 112 m, alle Blumen im Kolumnentitel; Christian Gehler, Berlin (1): 90 u; Steffen Hauser, Berlin (1): 88, Frank Hecker, Kiel (1): 21 u; Peter Himmelhuber, Regensburg (1): 65; Kosmos Archiv/John Fox Images S. 44/Nature&Animals (1): 44 o; Hans Laux, Biberach/Riß (1): 48; Heinrich Leumer, Bremen (9): 14, 33 o, 34 li., 34 re., 75 li., 109 li., 109 re., 116, 119 re.; Norbert Müller (8): Das Großvaterbild in dem Kasten „Was Großvater noch wusste", 8, 9 o, 10 li., 42 u, 44 ure., 44 uli., 74; Sibille Victoria Müller, Raubach (1): 113; Wolfgang Redeleit, Bienenbüttel (2): 52, 107 o; Reinhard Tierfoto/ Hans Reinhard, Heiligenkreuzsteinach-Eiterbach (35): 6, 19 li., 22 u, 28, 29 re., 31, 33 m, 36 u, 37, 38 o, 41 ore., 51 m, 61, 62, 63 u, 67 li., 67 re., 71, 72, 87, 90 o, 92, 96 li., 96 re., 99 re., 99 li., 100, 104, 106, 110, 111, 114 li., 117 u, 120 u, 122; Reinhard Tierfoto/Nils Reinhard, Heiligenkreuzsteinach-Eiterbach (5): 21 m, 30 li., 30 re., 36 o, 84 o; Ulrike Romeis, Lünen (2): 38 m, 81 o; Friedrich Strauß, Au-Hallertau/Seysdorf (4): 15, 60, 75 re., 76; Annette Timmermann, Kalübbe (1): 20.

Mit 24 Illustrationen von:
Wolfgang Lang, Grafenau-Döffingen (11): 26 u beide, 27 u beide, 78 beide , 82 beide, 83 beide, 121, Horst Lünser, Berlin (13): 10 re., 16, 56 beide, 57 alle drei, 68, 77, 97, 108, 117 o , 120 o.

Umschlaggestaltung von Atelier Reichert, Stuttgart unter Verwendung von drei Fotos auf der Vorderseite von Friedrich Strauss, Au/Hallertau (Sonnenblumen), Nobert Müller (Heinrich Leumer), Mauritius Images (Kapuzinerkresse) sowie alle Bilder auf der Rückseite von Gartenschatz GmbH, Stuttgart.

Mit 143 Farbfotos und 24 Farbzeichnungen.

Unser gesamtes lieferbares Programm und viele weitere Informationen zu unseren Büchern, Spielen, Experimentierkästen, DVDs, Autoren und Aktivitäten finden Sie unter **www.kosmos.de**

© 2010, Franckh-Kosmos Verlags-GmbH & Co. KG, Stuttgart
Alle Rechte vorbehalten
ISBN 978-3-440-12299-0
Projektleitung: Birgit Grimm
Redaktion: Alke Rockmann
Gestaltungskonzept: Atelier Reichert, Stuttgart
Produktion: Atelier Reichert, Stuttgart
Printed in Slovakia / Imprimé en Slovaquie

Mix
Produktgruppe aus vorbildlich bewirtschafteten Wäldern und Recyclingholz oder -fasern
www.fsc.org Zert.-Nr. SGS-COC-004980
© 1996 Forest Stewardship Council

FSC

Alle Angaben in diesem Buch sind sorgfältig geprüft und geben den neuesten Wissensstand bei der Veröffentlichung wieder. Da sich das Wissen aber laufend in rascher Folge weiterentwickelt und vergrößert, muss jeder Anwender prüfen, ob die Angaben nicht durch neuere Erkenntnisse überholt sind. Dazu muss er zum Beispiel Beipackzettel zu Dünge-, Pflanzenschutz- bzw. Pflanzenpflegemitteln lesen und genau befolgen sowie Gebrauchsanweisungen und Gesetze beachten.